Karl Strobl

Euripides und die Bedeutung seiner Aussprüche

über göttliches und allgemein menschliches Wesen

Karl Strobl

Euripides und die Bedeutung seiner Aussprüche
über göttliches und allgemein menschliches Wesen

ISBN/EAN: 9783743474475

Hergestellt in Europa, USA, Kanada, Australien, Japan

Cover: Foto ©ninafisch / pixelio.de

Manufactured and distributed by brebook publishing software (www.brebook.com)

Karl Strobl

Euripides und die Bedeutung seiner Aussprüche

EURIPIDES

und die

Bedeutung seiner Aussprüche

über

göttliches und allgemein menschliches Wesen.

Ein Beitrag
zur gerechteren Würdigung des Dichters.

Von

Prof. Karl Strobl.

WIEN.
Selbstverlag des k. k. Josefstädter Ober-Gymnasiums.
1876.

„Die ganze Theologie und Ethik des Griechen entspringt theils aus seiner Anschauung von der Welt ausser ihm, theils aus seinem Gewissen.
Nägelsbach, V, 1.*)

Einleitung.

Euripides fand im Leben nicht die gebührende Anerkennung; seine Anhänger gingen in ihrer Bewunderung zu weit und, wie sich aus vielen Umständen sicher schliessen lässt, namentlich zu weit in der Verwerthung und Ausbeutung der Lehren und Aussprüche des grossen Meisters für ihre eigenen kleinen und kleinlichen Bestrebungen; sie haben daher, wie das so oft geschieht, in ihrem Uebereifer der Sache des Dichters nicht viel genützt; sie haben einem dauernden durchgreifenden Erfolg desselben lange Zeit nicht weniger Hemmnisse in den Weg gelegt als die oft thatsächlich greifbare Opposition des Theaterpublicums und die Bekämpfung und Verspottung des Aristophanes; und als Euripides gegen das Ende seiner Tage den Widerstand gebrochen hatte und die athenische Welt den Dichtungen des σοφώτατος**) ein williges Ohr lieh, wer war es da, der ihn nöthigte in den Bakchen wenigstens scheinbar sich und seine Vergangenheit zu verläugnen? Waren es nicht auch seine Bewunderer, die ihn nicht verstanden hatten? Ich werde wenigstens an anderer Stelle die Sache so zu erklären suchen.

Verhältnissmässig günstig stand es um den Euripides in den folgenden Jahrhunderten; selbst die Kirchenschriftsteller kehrten gern bei ihm ein und nahmen Rüstzeug aller Art von ihm; besonders beliebt aber war er bei den Verfassern von Florilegien, so namentlich Stobaeus, die immer ihr besonderes Augenmerk auf seine Spruchweisheit richteten. Euripides erhielt sich von den älteren Tragikern am längsten auf der Bühne, und nicht nur die jüngere griechische Komödie, sondern das anfangende Theater der neueren Völker steht grösstentheils auf den Grundlagen der Euripideischen Dramaturgie, für welche ja auch Aristoteles aus demselben Dichter die besten Normen seiner Poetik geschöpft hatte. — Lessing erst hat im

---
*) Die nachhomerische Theologie des griechischen Volksglaubens bis auf Alexander. Von Dr. K. Fr. Nägelsbach. Nürnberg 1857.
**) Aristoph. Nub. 1382.

Späteren beurtheilt ihn „mit grösster Strenge nach den Massen der antiken Tragödie A. W. Schlegel in der fünften seiner Vorlesungen über dramatische Kunst. Nur gegen Racine setzt er ihn in ein günstiges Licht." *)

Schlegel scheint sich da fast selbst einer kleinen Inconsequenz schuldig gefühlt zu haben, weil er sich am Beginn der genannten fünften Vorlesung entschuldigt und rechtfertigt, dass er in der Schrift „*Comparaison entre la Phèdre de Racine et celle d'Euripide*" dem Stück des Euripides den Vorzug vor jenem Racines gegeben; dort habe er seine Aufmerksamkeit auf das Einzelne und zwar an einem der vorzüglichsten Werke des Dichters gerichtet; hier gehe er von den allgemeinen Gesichtspunkten und den höchsten Kunstforderungen aus, u. s. w. **) Dabei hätte nun freilich Euripides nicht gar so schlimm wegkommen sollen, wenn anders Bernhardy ein richtiges Urtheil hat, der gerade in dem entgegengesetzten Sinne bemerkt, Euripides biete den meisten Anlass zum T a d e l, wenn man E i n z e l h e i t e n und nicht seinen ganzen Ideenkreis in's Auge fasse. a. a. O. p. 395.

Wenn es uns nicht zu weit führte, wäre eine kleine Blumenlese aus Schlegel sehr erwünscht zum Beweis, dass er Euripides unbillig und ungerecht beurtheilt und mit einem Massstab gemessen, der auf denselben nicht anwendbar war. „Leidenschaft ist ihm das wichtigste; dann sorgt er für Charakter, und wenn ihm diese Bestrebungen noch Raum übrig lassen, sucht er dann und wann noch Grösse und Würde, häufiger Liebenswürdigkeit anzubringen" p. 143. — Man vergleiche mit diesem, ich will nicht sagen gehässigen Urtheil, doch die Worte des Aristoteles, der ungefähr dieselben Punkte, wenn auch mit griechischer Feinheit ausspricht: Σοφοκλῆς ἔφη αὐτὸς μὲν οἵους δεῖ ποιεῖν, Εὐριπίδην δὲ οἷοι εἰσί (die Menschen und die Verhältnisse). Poet. 25. ed. Vahlen.

Weiter meint Schlegel p. 145. „Er opfert meistens das Ganze den Theilen auf, und in diesen sucht er wiederum mehr fremde Reize, als echte poetische Schönheit." — „Euripides hatte die Schulen der Philosophen besucht, — da setzt er denn eine Eitelkeit darein, immer auf allerlei Philosopheme anzuspielen; — so dass man diese Lehren durchaus nicht verstehen wird, wenn man sie nicht schon zuvor kennt."

„Es ist ihm z u g e m e i n, auf die einfältige Weise des

---

*) Bernhardy, Griech. Litt.-Gesch. II. Th. 2. Abth. 3. Aufl. p. 394.
**) p. 139 der Wiener Ausgabe 1825. I. Th.

Volkes an die Götter zu glauben, er nimmt daher jede Gelegenheit wahr, etwas von allegorischer Deutung derselben einzustreuen und zu verstehen zu geben, wie zweideutig es eigentlich um seine Frömmigkeit stehe..." p. 146.
„Indem er die Grundfesten der Religion erschüttert, spielt er auf der andern Seite den Moralisten." p. 147. In den Sittensprüchen wiederhole er sich; dieselben seien meistens abgenützt. — Nun fragt es sich nur, ob sie es in seiner Zeit auch schon waren; man wird den Dichter doch nicht dafür verantwortlich machen, dass sie es in unserer Zeit sind, nachdem sie seit zwei Jahrtausenden nachgebetet worden!

Lessing kommt in der Hamburgischen Dramaturgie mehrere Male auf Euripides zu sprechen, besonders im 48. und 49. Stück. In letzterem lesen wir: „Mancher dürfte der Meinung sein, dass der Dichter dieser Freundschaft des Philosophen (Sokrates) nichts zu danken habe, als den Reichthum von schönen Sittensprüchen, den er so verschwenderisch in seinen Stücken ausstreut. — — Den Menschen uns selbst kennen lernen; auf unsere Empfindungen aufmerksam sein; in allen die ebensten und kürzesten Wege der Natur ausforschen und lieben; jedes Ding nach seiner Absicht beurtheilen: das ist es, was wir in seinem Umgange lernen; das ist es, was — den Euripides zum Ersten in seiner Kunst machte." — Lessing spricht in den beiden Stücken vornemlich von der Natur und, *horribile dictu*, von den Vorzügen und Schönheiten der so viel verlästerten Prologe des Euripides, der seinen Stücken eine Schönheit mehr ertheilen wollte, von der sie (die Tadler) keinen Begriff haben. — Das mache Lessing mit Herrn von Schlegel ab.

Gerechter als Schlegel hatten den Euripides Göthe und Schiller beurtheilt, was schon daraus hervorgeht, dass Beide von seinen Stoffen geschöpft; ein deutlicher Beweis, wie viel dem Modernen Verwandtes in Euripides liegt, da namentlich Göthe, freilich mit grosser Selbständigkeit aus der Euripideischen Iphigenie ein wahres Meisterwerk geschaffen. Und Schiller hat es nicht einmal verschmäht, die „abgenutzten" Sprüche in seiner Iphigenie erscheinen zu lassen. Man vergleiche:

Zu vieles Loben, weiss ich wohl, macht dem,
Der edel denkt, den Lober nur zuwider.

Klytemn. im IV. Act, 3. Sc. = Eur. v. 979 f.

— — Niemand verlanget nach da unten;
Der raset, der den Tod herbei wünscht. Besser
In Schande leben, als bewundert sterben.

Iphig. V. Act, 3. Sc. = Eur. v. 1251 f. — Schiller hat zwar in den Anmerkungen an dem Euripides genug auszusetzen; und trotzdem vertheidigt er, der Dichter, gegen die zahmere französische Uebersetzung den Wortlaut der zuletzt angeführten Verse, die dem Kritiker Schlegel abgenützt, grundfalsch oder gar unsittlich vorkommen möchten.

Am zutreffendsten ist vielleicht die Bezeichnung des Euripides als des „romantischen Tragikers" durch Tieck.*) Nicht so *ex professo* wie Schlegel, aber womöglich noch abträglicher urtheilt Bunsen (Gott in der Geschichte, 4. Bch.). Es sei schwer zu entscheiden, was bei Euripides grösser sei, die Entartung des Gottesbewusstseins oder der Verfall der höheren Kunst. — — Des Euripides Tragödie sei eine zum Theil vorsätzliche, freche und heuchlerische Parodie des früheren Gottesbewusstseins; was bei Euripides noch den Schein von religiöser Anschauung trage, sei Rhetorik, Schellengeklingel seichter Redensarten; — — er glaube an eine sittliche, Weltordnung gerade so wenig, als an die Götter des Volksdienstes. (Nach Lübker, Unterschiede, p. 71.)**) — Dass da mancherlei Wahres unter einem gewaltigen Wust von unrichtigen und falschen Behauptungen steht, wird mir vielleicht, ohne näher auf diese Stelle zurückzukommen, durch meine folgende Abhandlung zu beweisen gelingen.

Von andern Beurtheilern des Euripides oder einzelner Seiten seiner Thätigkeit hätte ich noch Nägelsbach und Lübker zu nennen. Ersterer hat im VIII. Abschnitte seiner nachhomerischen Theologie von der „Auflösung des alten Glaubens" gehandelt und da finden wir, was auffallen muss, fast immer nur den Euripides, höchstens dass in den einleitenden Paragraphen der Philosophen, welche den Bruch mit der Volksreligion begannen, Erwähnung geschieht; des Xenophanes, dem Pindar gefolgt, und besonders des Anaxagoras von Klazomenae. Den Schluss bildet dann die Darstellung der Reaction, die von der alten Komödie in's Werk gesetzt wurde, aber vergebens. Wir werden an verschiedenen Stellen Gelegenheit haben zu bemerken, dass Euripides auch in den Augen Nägelsbach's nicht immer so viel Gnade fuuden, wie wir es vielleicht wünschten. Es liege mir ferne, Nägelsbach irgendwie mit den oben genannten Kritikern in eine Reihe zu stellen; in seiner gewissenhaften Forschung mochte er wohl einen zu strengen Massstab an den zum Neologismus hinneigenden Euripides anlegen; dies haben auch Lübker und Schenkl an ihm be-

---

*) Da muss freilich bemerkt werden, dass Euripides sich von unsern Romantikern gar vielfach unterscheidet; vielleicht gerade so viel als die Geissler beider Richtungen, Aristophanes und Platen. Uebrigens vergleiche man selbst den Euripides in den Fröschen und den Nimmermann (und das ganze Wesen der romantischen Schule) im Romantischen Oedipus. Wenn wir Platen selbst so streng und ernst nehmen wie Aristophanes, bleibt unser Euripides noch immer ein wahrer Ausbund von Vollkommenheiten, wenigstens doch ein Mann gegenüber den Schwätzern bei Platen.

**) D. h. Dir. Dr. Lübker. Ueber die charakteristischen Unterschiede des Euripides von Sophokles. Verhandlungen der 19. Philologenversammlung (in Braunschweig)

merkt. Lübker, Unterschiede p. 72, wenigstens sagt, nachdem er ein Resumé der Nägelsbach'schen Urtheile gegeben, diese bedürften mehrerer Berichtigungen und Ergänzungen; er sei überzeugt, dass Nägelsbach dieselben selbst würde vorgenommen haben, wenn ihm Zeit geblieben wäre. Lübker nimmt dann theilweise jene Berichtigungen vor oder wehrt wenigstens die zu grosse Strenge Nägelsbach's ab.

An anderer Stelle jedoch, nämlich Theol.*) hat Lübker selbst seine frühere Objectivität theilweise eingebüsst und sich gerade an einigen sehr bedeutenden Stellen, man sieht nicht warum, von Nägelsbach in's Schlepptau nehmen lassen. Näheres werden wir bald hören. Bernhardy hat an zwei Stellen bemerkt, Lübker's Urtheil sei nicht unparteiisch.

Um auf Nägelsbach zurückzukommen, so hat auch Professor Schenkl**) in der Abhandlung über die politischen Anschauungen des Euripides an mehreren Stellen eine gewisse Strenge der Urtheile Nägelsbach's betont. p. 496 und Anmerkung, p. 502.

Dass ich mich trotzdem so viel an Nägelsbach gehalten, wird mir von einsichtigen Kennern der Arbeiten des hochverdienten Mannes gewiss nicht zum Vorwurfe angerechnet werden; die Arbeit konnte ja nur gewinnen, wenn sie wenigstens in den wichtigsten Partien eines so **sicheren leitenden Fadens** sich bedienen und erfreuen konnte.

Was ich sehr wünschte, die Schrift Ed. Müller's, *Euripides deorum popularium contemptor, Vratislav.* 1826, zu benützen, war mir nicht gegönnt; ich konnte sie weder aus einer der öffentlichen Bibliotheken, noch vom Verlagsorte bekommen. — An einzelnen Stellen wird man benützt finden Goebel Ant., *Euripides de vita privata ac domestica quid senserit. Diss. Monasterii 1849.* — Spengler, *Theologumena Euripidis tragici* im Programm des kath. Gymnasiums an der Apostelkirche zu Köln 1863. — Pohle: *De rebus divinis quid senserit Euripides.* Programm des königl. Gymn. zu Trier 1868. — Ein Vortrag O. Ribbeck's, Euripides und seine Zeit, Programm der Berner Cantonschule 1860, welcher „den Propheten des Weltschmerzes schildert" (Bernhardy p. 395), war mir nicht zugänglich gewesen.

Die folgende Abhandlung ist so eingetheilt, dass im

---

*) D. h. Zur Theologie und Ethik des Euripides; von Dir. Dr. Fr. Lübker, Programm, Parchim 1863. Die gen. Schrift erhielt ich nach längerem vergeblichen Suchen in Wien durch die freundliche Bereitwilligkeit des Herrn Dr. Ad. Meyer, Directors des gh. Friedrich-Franz-Gymnasiums in Parchim (zugleich mit 19 Stück anderer Programme früherer Jahre gegen angebotenen Tausch mit den Programmen des Josefst.-Gymn. für dasselbe), wofür ich dem geehrten Herrn Director meinen Dank auch an dieser Stelle auszusprechen mich gedrungen fühle.

**) Die politischen Anschauungen des Euripides. Zeitschr. f. d. österr. Gymnasien 1862.

ersten Capitel von den Göttern, im zweiten von der moralischen
Weltordnung, im dritten vom Menschenschicksal, im vierten
vom Menschen nach Charakter und Anlagen gehandelt werden
wird.

I. Capitel.
Die Götter.
A) Existenz und Wesen derselben.

Die griechische Welt fand zum ersten Mal ihre Götter
bei Homer fassbar dargestellt; diese Götter aber waren ganz
nach dem Wesen des Menschen gebildet, ἀνθρωποφυεῖς und
ἀνθρωποειδεῖς. Nicht blos im Namen haben wir die Beimischung
von Menschlichem; das Menschliche gibt gleichsam, den Träger ab, auf dem und um den dann das Göttliche aufgebaut
worden. Diese schwache Grundlage ist denn auch für alle
Folgezeit vom Uebel gewesen; die göttliche Natur konnte sich
auf dieser Basis nicht ohne Beschränkung entwickeln und entfalten. Was der menschliche Glaube nach den Forderungen
des Gewissens und der Sittlichkeit später der Gottheit an
Vollkommenheiten zutheilte, (und der Fortschritt ist gegen die
homerische Welt nicht gering), das wurde immer wieder gefährdet durch die Wesenheit des Gottes als eines „menschenartigen." — So oft man daher einen Anlauf nahm, sich zu
einer würdigeren Auffassung des göttlichen Wesens emporzuschwingen, musste es immer geschehen entweder durch Bekämpfung des Anthropomorphismus oder durch einfache Ignorirung desselben, was freilich einfacher war. Diesen Weg hat
im Wesentlichen der Philosoph Sokrates eingeschlagen; für
den geistesverwandten Dichter Euripides blieb, wenn er von
der Bühne herab zum Volke sprechen und dasselbe belehren
wollte, nichts übrig, als an das Vorhandene anzuknüpfen und
von diesem aus seine neuen Ansichten vorzutragen.

Lassen wir nun endlich den Euripides selbst zu Wort
kommen und hören wir, was er uns von den Göttern und
gegen die Götter zu sagen hat. Da tritt uns vielleicht gleich
als das bezeichnendste, als Signatur alles dessen, was wir zu
erwarten haben, das Wort entgegen:

— οὐδὲν ἀνθρώποισι τῶν θεῶν σαφές. Herc. f. 62 *)

Die erste Frage, die wir zu stellen haben, würde sich
nun beziehen auf die Existenz der Götter, eine Frage, welche
die griechischen und alle folgenden Philosophen und Philo-

---

*) Die Citate aus Euripides sind durchwegs nach Nauck „*Euripidis Tragoediae, ed. altera, Lips.* (*1860 vol. I., 1866 vol. II., 1869 vol. III. fragmm.*)

sophien so viel beschäftigte. Der nicht philosophirende Grieche, wie wohl auch sonst der gemeine Mann, fragt da nicht viel um Beweise. Er fühlt das Vorhandensein einer höheren Macht; einen ganz volksthümlichen Beweis nimmt er her aus der Gerechtigkeit, die sich in so vielen Fällen doch augenscheinlich, namentlich in der Bestrafung der Uebelthäter und in der Vernichtung der Ungerechtigkeit und der Werke derselben vor ihm vollzieht. Wo dies einmal nicht der Fall ist, da ist auch gleich der Zweifel an der Existenz der Götter frisch hinterher. So besonders in der am entschiedensten ausgesprochenen Stelle bei Euripides, welche auch Nägelsbach veranlasst zu haben scheint zu behaupten, dass es bei Euripides schliesslich zu einer Läugnung des göttlichen Wesens komme.

Die Stelle aber lautet so:

φησίν τις εἶναι δῆτ' ἐν οὐρανῷ θεούς;
οὐκ εἰσίν, οὐκ εἰσ', εἴ τις ἀνθρώπων θέλει
μὴ τῷ παλαιῷ μῶρος ὢν χρῆσθαι λόγῳ. Beller. fr. 288.

Daran schliesst sich folgende Beweisführung: Seht selbst zu und folgt nicht blos meinen Worten. Die Tyrannis tödtet zahllose Bürger und zieht deren Güter ein; bei diesem Thun, indem sie selbst Eide bricht, ist sie mächtig und erobert und zerstört Städte, und die Ausüber solcher Thaten sind glücklicher als die, welche in Frömmigkeit und friedlich ihre Tage verleben. Kleinere Städte verehren frommen Sinns die Götter und stehen trotzdem in Hörigkeit und Abhängigkeit von grösseren, die der Götter weniger achten. Ich glaube auch, dass keiner von euch, wenn er, selbst unthätig, nur zu den Göttern fleht, (etwas erreichen werde). — [Dies muss wohl der Fortgang gewesen sein. Zu Vers 15 τὰ θεῖα πυργοῦσιν αἱ xxxxί τε συμφοραί bemerkt Nauck selbst: vs. 15 non expedio].

Mit dieser Stelle halte man aber zusammen die folgende:

ἐγὼ μὲν εὔτ' ἂν τοὺς κακοὺς ὁρῶ βροτῶν
πίπτοντας, εἶναι φημὶ δαιμόνων γένος. Oenom. fr. 581.

Wenn wir diese beiden Aeusserungen mit den vielen Stellen, welche wir weiter unten bei der göttlichen Gerechtigkeit und bei der Vergeltung lesen werden, zusammenfassen, lässt sich nimmermehr behaupten, dass Euripides die Existenz der Götter geläugnet habe.

Die Stelle aus Bellerophontes könnte ich recht wohl vertheidigen mit den Worten Nägelsbach's selbst (I, 26.): „Wo es vorkommt, dass einer Gottheit Ungerechtigkeit von Menschen oder anderen Göttern förmlich und geradezu schuld gegeben wird, — — da findet — — einseitige Auffassung eines doppelseitigen Rechtsverhältnisses statt — —". An unserer Stelle haben wir freilich nur Ungerechtigkeit insofern, als ein Frevel unbestraft bleibt, — unbestraft zu bleiben scheint. Aber unser „Gottesläugner" im Bellerophontes verlangt nicht, dass die

Zuhörer auf seine Worte: οὐκ εἰσίν, οὐκ εἰσ' schwören sollen; er sagt ihnen ja vs. 4. selbst: σκέψασθε δ' αὐτοί, μὴ ἐπὶ τοῖς ἐμοῖς λόγοις γνώμην ἔχοντες· — Auf die einzelnen Punkte seines ganzen Beweises kann man recht wohl die „einseitige Auffassung eines doppelseitigen Rechtsverhältnisses" anwenden. Denn gerade in den dort allgemein angeführten Punkten — und eine andere bestimmte, straflos gebliebene That liegt durchaus nicht vor, — ist Euripides mit der ganzen Welt der Griechen in Uebereinstimmung, dass „Böses muss mit Bösem enden." Der Nachweis dafür wird unten zu erbringen sein.

Was die von Nägelsbach constatirte Gottesläugnung des Euripides betrifft, so sei es mir gestattet, auch Lübker sich darüber äussern zu lassen. Dieser sagt Unterschiede p. 76: „Das Ergebniss — — ist keineswegs eine Läugnung des göttlichen Wesens überhaupt, sondern höchstens eine Bestreitung der durch die Dichter gemachten oder überlieferten Götterbilder." — Ebendaselbst p. 77: „Auch selbst das möchte ich nicht unterschreiben, dass es bei ihm zuletzt noch zu einer wirklichen Läugnung der Existenz der Götter komme." — Nach diesen Aeusserungen wirkt es freilich ein wenig überraschend, wenn zwei Jahre später Lübker Theol. p. 11 kurz und fast unvermittelt sich zum Ausspruche veranlasst fühlt: „So kommt es denn am Ende nicht blos zu der bedingten Erklärung, dass man nicht mehr die Götter achten müsse, wenn die Ungerechtigkeit dem Rechte überlegen sei (El. 583 f.), sondern vielmehr auch zu der unumwundenen Läugnung derselben." —

Der gelehrte Verfasser der zwei schon genannten Arbeiten hat in der letzteren die Fragmente des Euripides leider blos für die vorliegende Stelle Bellerophontes fr. 288 zu Rathe gezogen, was sehr bedauert werden muss; es mag sein, dass die Fragmente mitunter — dies scheint Lübker p. 4 anzudeuten — zu viel ausgebeutet worden sind. Aber auf den Standpunkt der gänzlichen Ignorirung derselben darf man sich heutzutage nicht mehr stellen, da man einen vollen Einblick in des Dichters Wesen ohne dieselben nicht gewinnen kann. (Es wird mir sicher Niemand die Verdächtigung unterschieben, ich wollte behauptet haben, der gelehrte Verfasser habe die Fragmente nicht gekannt; ich bedauere nur, dass er, sicher ein gründlicher Kenner des Euripides, sie nicht benützt hat.) — Ueberdies ist gerade in den letzten Jahren, seit 1856, durch tüchtige Arbeiten auf dem Gebiete der Euripideischen Fragmente viel geleistet worden, (Nauck, vol. III. Praefatio p. VII),[*] so dass man nicht mehr in der Wüste derselben irre zu gehen fürchten muss. Und warum hat Lübker gerade hier zu den

---

[*] Die Valckenaer'sche Diatribe in Eur. *perdd. fabb. reliquias* war mir leider nicht zugänglich.

Fragmenten gegriffen, um den Euripides zum Gottesläugner machen zu können?
Darüber können wir, glaube ich, hinweggehen: Die Existenz der Götter, oder wenn wir mit Nägelsbach die mächtige Neigung der nachhomerischen Zeit zum Monotheismus zugeben (II. 21), die Existenz einer Gottheit ist damit nicht geläugnet, zumal die dort versuchte Beweisführung mit Leichtigkeit umzustossen ist.*) —

Ueber das Wesen der Götter freilich weiss Euripides nichts Bestimmtes. Aber „wie sehr und ernstlich es ihm um religiöse Gewissheit zu thun war, das erhellt schon aus der Häufigkeit der kritischen Fälle, die von ihm behandelt werden und ihn öfter, als er wünscht, an einen Scheideweg führen." Bernhardy, p. 410. — Die Unsicherheit über das Wesen der Gottheit führt naturgemäss auch weiter zu einem Zweifel an der Existenz. Ein Zweifler nun ist Euripides vor allen andern, aber der Zweifler ist noch kein Läugner. Ueberdies hat den Zweifel nicht erst Euripides aufgebracht, sondern seit Homer geht derselbe neben dem frommen Glauben einher. „Der alte Glaube ist schon längst vom Zweifel angefressen und dieser Zweifel hat eine furchtbare Berechtigung. In der Natur des θεὸς ἀνθρωποφυής liegt es bezweifelt werden zu müssen. Selbst als der Glaube noch unbefangen war, vermochte er nicht die Widersprüche zu bewältigen, welche innerhalb seiner selbst hervorbrachen. —" Nägelsbach, VIII, 27.

Andere, so besonders Sophokles, haben frommen Sinnes die Augen vor diesen Verhältnissen geschlossen. Euripides aber kennt kein Pactiren; was ihm vorkommt, muss probe-

---

*) Es wäre gerade bei Euripides äusserst nothwendig darauf zu achten, was er als seine Ansicht vorgebracht, was seine Helden im Drange der Leidenschaft, der Gefahr, der Verzweiflung ausstossen. Wir haben schon oben Schiller begegnet, der den Vers „Besser in Schande leben als bewundert sterben" mit Absicht nicht gemildert, sondern vollinhaltlich gesetzt hat, denn „Iphigenie darf und soll in dem Zustande, worin sie ist, und in dem Affect, worin sie redet, den Werth des Lebens übertreiben." Anmerkungen, 11. — Und gegen diesen Vers liesse sich, wenn man ihn so nackt für sich anfasst, gewiss mancherlei sagen. Den Weg hat da, wenn es dessen erst bedürfte, schon Aristoteles gezeigt. Poet. 25. „περὶ δὲ τοῦ καλῶς ἢ μὴ καλῶς ἢ εἴρηταί τινι ἢ πέπρακται, οὐ μόνον σκεπτέον εἰς αὐτὸ τὸ πεπραγμένον ἢ εἰρημένον βλέποντα, εἰ σπουδαῖον ἢ φαῦλον, ἀλλὰ καὶ εἰς τὸν πράττοντα ἢ λέγοντα πρὸς ὃν ἢ ὅτε ἢ ὅτῳ ἢ οὗ ἕνεκεν, οἷον ἢ μείζονος ἀγαθοῦ, ἵνα γένηται, ⟨ἢ⟩ μείζονος κακοῦ, ἵνα ἀπογένηται."

Speciell für Euripides hat Göbel „De rebus priv. ac domest. quid senserit Eurip." p. 4 ff. manches Beachtenswerthe festgesetzt. Beachtenswerth unter vielem anderem: „Verumtamen ridendum, ne persona perturbati sit animi." — — Oft haben wir blosse Ironie. — Bei Aussprüchen, die, wie man zu sagen pflegt, mit den Haaren herbeigezogen scheinen, haben wir des Dichters Meinung vor uns. — Göbel schliesst diese Bemerkungen mit den Worten: — — nec inique nec iniuste agere mihi videor, quod, ubi poëta de eadem re nunc melius, nunc deterius iudicat, meliora in eius animum ac rationem, deteriora in populares eius vel εἰς τὴν φύσιν conferam." — p. 7.

hältig sein gegenüber den Forderungen des Gewissens und seinen Idealen von Sittlichkeit. Und wenn wir sein ganzes Leben betrachten und den düsteren Ernst, der es umschwebt; wenn wir ihn sehen, vereinsamt in seiner Zeit, deren leichte Bestrebungen ihm nicht genügen, die ihn hinwieder nicht begreift, und in der nur wenige edle Geister ihn verstehen und seinem vollen Werthe nach schätzen *), wenn wir allerorten die Hindernisse sehen, die sich vor ihm aufthürmen, den geringen Erfolg, den reichlichen Spott der Komödiendichter, so können wir wohl nicht genug die Ausdauer und den hohen Muth bewundern, der nur aus der Ueberzeugung von der Güte der Sache, die er vertrat, stammen konnte; nicht genug bewundern die Lauterkeit seiner Gesinnung, mit der er sich in den Wirbel der entgegengesetzten Bestrebungen und Strömungen seiner Zeit hineinwagte, um aus demselben zu retten, was zu retten wäre, um die neue Welt auf neue und bessere Wege zu führen.

Er hatte, als das alte Gefüge des staatlichen und socialen Wesens noch scheinbar zusammenhielt, über den Werth desselben und dessen dadurch bedingte Dauerhaftigkeit sich die klarste Vorstellung geschaffen; dann begann das Wanken und der Verfall; gestützt und erhalten zu werden verdiente dasselbe nicht, sonst wäre es ja, wenn es noch gesund und lebensfähig gewesen wäre, nicht in Verfall gerathen; wer es auch hätte halten wollen, wäre das nimmer im Stande gewesen. Euripides dachte nun an die Rettung dessen, was zu retten war für die Zukunft und deren Bedürfnisse; er wollte mithelfen, eine neue Welt an die Stelle der alten verfaulenden und verfallenden zu setzen, in welcher andere Principien als die bisherigen herrschen sollten. Und durch seine Beharrlichkeit nöthigte er seine Zuhörer, „im Fortgang der hellenischen Umwälzung, mitten unter den Trümmern des Herkommens, unter Gegensätzen und Widersprüchen, den Mann aufmerksam zu hören, welcher eine Kritik der alten Zustände vortrug und durch eine Fülle von Gesichtspunkten in eine neue auf Religiosität und Menschlichkeit gegründete Zukunft einführte." — Bernhardy p. 389. — Mit dem oben Gesagten vergleiche man den schönen Ausspruch Lübker's, Theol. p. 1, Euripides greife zwar die alten Traditionen alle einzeln an; aber „er zerstört sie denen gegenüber, die sie blindlings und starr festhalten, er vertheidigt sie denen gegenüber, die sie wild und stürmisch niederreissen wollen." — Das ist eine Aufgabe, die in erregten Zeiten viel Muth, Selbstverläugnung und Opferwilligkeit fordert; denn die Conservativen verlästern den „Abtrünnigen", die Ultras der andern Richtung hassen

---

*) Als ein sehr zweideutiges Lob erscheint durch die etwas sonderbare Fassung, was Witzschel von Eur. sagt: „nicht allein der grosse Haufe, sondern auch Männer, wie Sokrates und Plato, achteten und schätzten ihn." — Art. Euripides in der Pauly'schen Real-Encyklopädie.

und verfolgen den mindestens „beschränkten Kopf", — und besonders greifbare Resultate werden leider von diesen heroischen Mittlern selten oder nie erreicht.

Alles das zusammen betrachtet, werden wir nicht annehmen dürfen, dass Euripides so ganz leichten Sinnes und leichten Herzens an das Werk gegangen. Ein gänzliches Verkennen des Dichters und der Motive desselben verrathen daher die, die da behaupten, er habe mit den in den Schulen der Philosophen aufgefangenen Floskeln vor einem ungebildeten Publicum*) Prunk machen wollen, welche seine Polemik gegen den überlieferten Götterglauben damit erklärt zu haben meinen, dass sie sagen, es sei ihm zu gemein, auf die einfältige Weise des Volkes an die Götter zu glauben.

Einen besseren Bundesgenossen finde ich da in Lübker, der (Unterschiede p. 75) sagt, gerade „die ernste bewegte Frage darnach (nach der Existenz der Götter), die man so oft ertönen hört in seinen Dichtungen, gibt doch ein unbestreitbares Zeugniss von dem gewissenhaften Eifer, womit er hinter all' der überlieferten Theorie von Göttern und Dämonen eine höhere Macht sieht, die auch an dem Leben und Ergehen der Menschen sich nicht unbezeugt lässt."

Die Berechtigung der Skepsis haben wir schon oben selbst von Nägelsbach zugestanden gesehen; das Wesen und namentlich die Entwicklung derselben zeichnet Lübker Unterschiede p. 74. Von der Betrachtung der Mantik und dem Werth der τέρατα ausgehend wurde Euripides über dem „Conflict zwischen ursprünglich Richtigem und menschlich Verderbtem, den er vor sich sah, sich auch des Gegensatzes bewusst, der zwischen einer berechtigten Unterscheidung des Kerns göttlicher Wahrheit von seiner mangelhaften menschlichen Hülle und einem leichtsinnigen Verwerfen alles und jeden religiösen Glaubensgehaltes gegeben ist."

Wenn Euripides auf die Frage und auf den Zweifel hätte verzichten sollen, hätte er seine Thätigkeit aufgeben müssen. Denn bei ihm ist ja alles Erguss aus dem innersten Wesen. Sophokles konnte, ganz den Idealen der Schönheit hingegeben, objectiv die Welt ausser ihm darstellen; Euripides ist der lebendigste Vertreter der Subjectivität; Götter, Welt und Menschen bei ihm sind ein Spiegelbild seines Innern; in die-

---

*) Gar so ungebildet muss dieses Publicum doch nicht gewesen sein; ich verweise nicht darauf, dass es seine grossen Tragödiendichter, sondern darauf, dass es seinen Aristophanes und namentlich dessen Frösche nicht nur verstand, sondern auch wohl würdigte. — Man biete unserem Volke an der Spree oder an der Donau deutsche Frösche und sehe zu, ob sie angehört, noch mehr ob sie zur Wiederholung gefordert werden. Die wirklich drolligen Situationen im Eingang der Frösche werden durch die fast erschöpfende Darstellung der Unterschiede beider Dichter reichlich aufgewogen — vergessen. Und bei diesem Gegenstand so viel Verständniss und Interesse! — Vgl. Schlegel selbst, 6. Vorl., 2. Th. p. 31 ff,

sem aber konnte es, wenn er die Welt mit den Augen des leidenden und kämpfenden Menschen betrachtete, nicht so aussehen, wie bei Sophokles, der eben der actuellen Welt noch ferner stand und dieselbe durch ganz andere Medien betrachtete. Die bestehenden Zustände konnten nicht befriedigen; die Götterwelt war entartet; zum frommen Glauben lag kein ausreichendes moralisches Motiv vor, und selbst wer das Motiv gefunden hätte, hätte von dem dogmatischen und moralischen Bestand des Volksglaubens nimmer sich befriedigt fühlen können. Denn der Hauptinhalt war ja doch nur immer der: „Deine Götter kümmern sich um Dich nur, wenn Du bewusst, selbst auch wenn Du in Verblendung sündigst; sie sehen auf Dich, wenn es ihnen eben beliebt; sie belohnen Dich vielleicht sogar, wenn sie eben gnädig gestimmt sind." Mit einem Worte, es stand nur ein Gesetz unverrückbar fest, das Gesetz der Vergeltung; „ein Gesetz der Gnade gibt es nicht." — Nägelsbach I, 41.

Gläubigkeit und frommer Sinn wird zwar, wie wir oft hören werden, hochgepriesen, aber hauptsächlich wegen des nachfolgenden oder ihm innewohnenden Segens. Das ist aber kein ausreichendes Motiv. Ein noch weniger befriedigendes finden wir Bacch. 893 ff.*) Macht es doch nur geringe Mühe an die Macht der Götter und des Rechts zu glauben.

κούφα γὰρ δαπάνα νομί- | ζειν ἰσχὺν τόδ' ἔχειν, |
ὅ τι ποτ' ἄρα τὸ δαιμόνιον, — .

Auch selbst an dieser Stelle, die im Zusammenhang mit dem Voraufgehenden und Nachfolgenden von tief gefühlter Religiosität durchströmt ist, kann der Dichter nicht den leidigen Beisatz unterdrücken: ὅ τι ποτ' ἄρα τὸ δαιμόνιον!
Was sind die Götter? Wer hat es jemals erforscht?

ὅ τι θεός ἢ μὴ θεός ἢ τὸ μέσον,
τίς φησ' ἐρευνήσας βροτῶν
μακρότατον πέρας εὑρεῖν — — ; Hel. 1137.

Die Stelle ist wohl so zu fassen, wie sie Lübker (Unterschiede p. 76) meiner Meinung nach am besten wieder gibt: „Was Gott sei und nicht sei, und was dazwischen in der Mitte liege (so dass es also weder als göttliche Fügung noch als reiner Zufall betrachtet werden könne), wer könnte das wohl" — u. s. w.**)

---

*) Man verzeihe mir, wenn ich bei vielen Citaten das f. oder ff. nach der Verszahl weggelassen. Meist zeigt der angegebene Inhalt, ob wir einen einzelnen Vers oder mehrere vor uns haben; und wer die Stelle nachliest, für den bedarf es dieser Andeutung nicht.

**) Nägelsbach (VIII, 14) II, 7 meint, das eingeschobene Mittelglied seien „die ἡμίθεοι — — wie sie zwischen Sterblichen und Unsterblichen in der Mitte stehen als aus göttlichen und menschlichen Elementen gemischt." — Diese Erklärung kann mir für die vorliegende Stelle nicht genügen. Nicht mehr bringt die Ausgabe von Pflugk-Klotz an der bezeichneten Stelle. Auch Spengler

Da es so schwer, ja unmöglich ist, eine bestimmte Kenntniss von den Göttern zu erlangen, so finden wir bei Euripides häufig eine mehrfache Bezeichnung oder einen Zusatz, welcher der Gottheit ein weiteres Wesens- und Machtbereich einräumt. So lesen wir:

σοὶ τῷ πάντων μεδέοντι χοὴν
πέλανόν τε φέρω, Ζεὺς εἴτ' Ἀΐδης
ὀνομαζόμενος στέργεις. Fr. inc. 904.
Ζεὺς ὅστις ὁ Ζεύς, οὐ γὰρ οἶδα πλὴν λόγῳ. Melan. fr. 483.
ebenso: Herc. f. 1263. vergl damit:
δουλεύομεν θεοῖς, ὅ τι ποτ' εἰσὶν οἱ θεοί. Or. 418. vgl. Troad. 885.

Spuren von der oben von Nägelsbach ausgesprochenen Neigung zum Monotheismus in der Auffassung des Zeus lassen sich wohl auch bei Euripides nachweisen; freilich werden sie wieder oft genug durchkreuzt von Aussprüchen, die einen der damaligen griechischen Welt noch fremden Pantheismus einzuführen bestimmt sind. So wird Zeus häufig mit dem Aether identificirt:

ἀλλ' αἰθήρ τίκτει σε, κόρα,
Ζεὺς ὃς ἀνθρώποις ὀνομάζεται. Fr. inc. 869 und
ebenso: ὁρᾷς τὸν ὑψοῦ τόνδ' ἄπειρον αἰθέρα
καὶ γῆν πέριξ ἔχονθ' ὑγραῖς ἐν ἀγκάλαις;
τοῦτον νόμιζε Ζῆνα, τόνδ' ἡγοῦ θεόν. Fr. inc. 935,

welche Stelle Cicero N. D. 2, 25, 65 behandelt: *Euripides autem ut multa praeclare, sic hoc breviter*:

*vides sublime fusum immoderatum aethera,
qui tenero terram circumiectu amplectitur?
hunc summum habeto divum, hunc perhibeto Jovem.*

Wie hier Zeus als Personification des Aethers als das eine, wichtigere, von den zwei bei Euripides im allgemeinen vorkommenden Principien aller Dinge und aller Bedingungen des physischen Lebens dargestellt wird (vgl. Spengler p. 3), so erscheint ein Gott oder „Gott", d. i. wohl auch wieder Zeus, andererseits als identificirt mit dem geistigen Principe

---

(Theologumena p. 14) scheint nicht richtig zu deuten; der Dichter setze oft ausser dem Gott und dem Zufalle ein Drittes, das zwischen beiden liege: „*hunc tertium locum poeta τοῖς δαίμοσι concessisse videtur ita, ut diis inferiores, hominibus et heroibus qui dicuntur, superiores sint.*" Dann folgt die gen. Stelle mit dem Zusatz „*v. Pflugk ad h. l.*" Wohl aber lässt sich meiner Meinung nach die Stelle erklären aus dem, was Spengler bald darauf (p. 15) sagt: *Sed daemonum significatio etiam latius patere coepit, ut notio daemonum saepe congruat cum fortuna et fato ipso.*" In ganz ähnlichem Sinne handelt Löbker (Theol. p. 21 f.) von dem Daimon. „Eine solche Vorstellung musste leicht in den Begriff des Schicksals übergehen — —". Darüber später Näheres. — Gerade nur als Curiosität will ich folgende Erklärung anführen. „Was Gott, was nicht Gott, was Mittelnatur ist" u. s. w. Dazu als Anmerkung: „Mittelnatur, halb Gott, halb Mensch, Halbgott, Gottmensch, wie Helena, deren Vater ein Gott und Mutter ein Mensch war." Eur. Hel. übersetzt v. Oertel, Sulzbach 1832.

im einzelnen Menschen entsprechend dem die Welt schaffenden, erhaltenden und ordnenden νοῦς seines Lehrers Anaxagoras. (Ueberweg, Grundriss der Gesch. d. Philos. der vorchristl. Zeit, Berlin 1863, p. 44.)
ὁ νοῦς γὰρ ἡμῶν ἐστιν ἐν ἑκάστῳ θεός. Fr. inc. 1007,
worüber Cicero Tusc. 1, 26, 65 bemerkt: *ergo animus ut ego dico, divinus, ut Euripides audet dicere, deus est.*
ὅστις ποτ' εἶ σύ, δυστόπαστος εἰδέναι,
Ζεύς, εἴτ' ἀνάγκη φύσεος εἴτε νοῦς βροτῶν. Troad. 885.

Die Uebersetzung lautet bei Lübker (Unterschiede 77) folgendermassen: „Wer Du auch immer sein magst, schwer zu begreifender Zeus, magst Du nun eine Gewalt der Natur oder ein Verstandeswerk der Menschen sein —"; das läse sich so einfach hin ganz schön; ob aber diese Auffassung neben dem vorausgehenden ἀνάγκη φύσεος haltbar sein kann, mögen andere entscheiden. Wir haben offenbar auch da in der Fortbildung der Lehre des Anaxagoras, in dessen Philosophie ja gerade „die Intelligenz bestimmendes Princip" war, die „Apotheose der menschlichen Seele, die Identität des göttlichen und menschlichen Geistes", wie Bernhardy p. 403 den „missverstandenen Ausspruch" deutet. Man vgl. die Anmerkung Hartung's zu dieser Stelle „In diesen vier Versen ist alles enthalten, was die Vernunft und die Philosophie über das Wesen und Wirken Gottes jemals herausgebracht hat, herausbringen wird und überhaupt herausbringen kann, nämlich dass er entweder menschenartig berechnend verfahre, oder organisch wirke in den Kräften der physischen und moralischen Welt, die nicht rechnen, aber auch nicht irren und daher ἀνάγκη φύσεως von den Griechen genannt werden."

Wie es mit den Motiven des Glaubens schlimm bestellt ist, so ist es auch mit der Autorität Derer, welche Andern predigen wollten. — Was sitzt ihr an den Seherherden und schwört klar zu erkennen der Götter Wesen und Walten? Es gibt keine Menschen, die uns das zu Wege brächten; denn wer sich auch brüstet

— — θεῶν ἐπίστασθαι πέρι,
οὐδέν τι μᾶλλον οἶδεν ἢ πείθειν λέγων.

Philoct. fr. 793 (oder ἢ πείθει λέγων (?), er weiss sicher auch nicht mehr als die allgemeinen Vorstellungen, zu deren Annahme er einen andern durch Reden bewegen oder bringen kann).

Wenn das Wesen der Götter uns schwer zu erforschen bleibt, ihr mächtiges Walten zeigt sich dem nicht Unverständigen dennoch deutlich.

τίς ὁ θεοὺς ἀνομίᾳ χραίνων, θνητὸς ὤν,
ἄφρονα λόγον οὐρανίων μακάρων κατέβαλ',
ὡς ἄρ' οὐ σθένουσιν θεοί; Herc. f. 757.

Entschieden steht der Dichter ein für mächtiges Walten der Götter und des Rechts. Hekabe, „die zu Schmerz und Thränen Geborne" *), als Sklavin und vom Alter gebrochen ruft es aus:

ἀλλ' οἱ θεοὶ σθένουσι χὠ κείνων κρατῶν
νόμος· νόμῳ γὰρ τοὺς θεοὺς ἡγούμεθα
καὶ ζῶμεν ἄδικα καὶ δίκαι' ὡρισμένοι. Hec. 799 **)

Wie verhalten sich nun diese Götter zu der von ihnen regierten und beherrschten Welt? Manchmal zwar scheint es, als ob das Wort des Tacitus *„non esse curae deis securitatem nostram, esse ultionem"*, Hist. I, 3 auch schon bei Euripides vorgeklungen habe. Wir haben wieder die Frage.

ὦ Ζεῦ, τί λέξω; πότερά σ' ἀνθρώπους ὁρᾶν;
ἢ δόξαν ἄλλως τήνδε κεκτῆσθαι μάτην
ψευδῆ, δοκοῦντας δαιμόνων εἶναι γένος,
τύχην δὲ πάντα τὰν βροτοῖς ἐπισκοπεῖν; Hec. 488.

Diese im ganzen doch harmlose Stelle muss bei Nägelsbach (VIII, 14) herhalten zu folgendem Gebrauch: „Wenn nun vollends der Dichter Personen sprechen lässt, die irre geworden sind am Weltregiment und sich in die für sie unmotivirten Wechselfälle des Geschickes, — — in das Glück der Gottlosen nicht finden können, die mit einem Wort in den Zuständen dieser Welt das Walten einer göttlichen Gerechtigkeit vermissen, so scheut er sich auch nicht, sie das Dasein der Götter überhaupt läugnen zu lassen. Hec. 484, ὦ Ζεῦ, τί λέξω u. s. w."

Wenn übrigens Nägelsbach auch selbst damit im Recht wäre, möchte ich ihm noch zwei andere Stellen vorhalten, wo Euripides auf die oben gestellte Frage eine laute und deutlich vernehmbare Antwort gibt, und zwar selbst mit einer Zuversicht, die überraschend erscheinen könnte. In den Herakleiden spricht Jolaos zur Alkmene (weshalb man die Worte vielleicht nur auf diese allein beziehen könnte):

καὶ Ζηνὶ τῶν σῶν, οἶδ' ἐγώ, μέλει πόνων. Heracl. 717.

---

*) Wie sie Welcker nennt in „die griech. Tragödien mit Rücksicht auf d. ep. Cyclus geordnet v. F. G. Welcker." — p. 466.

**) Der κείνων κρατῶν νόμος wird, so viel mir erinnerlich, fast immer für das auch die Götter beherrschende *(illis dominans lex* z. B. bei Fix, Pariser Ausg. Didot 1843) Gesetz, selbst für das Fatum genommen. An unserer Stelle aber scheint sich nichts so sehr zu empfehlen als κείνων zu nehmen für ihr mächtiges Gesetz; denn der f. νόμος, durch den die Menschen in allen ihren Verhältnissen geregelt leben, kann doch nicht derselbe sein, dem auch die Götter unterstehen, noch weniger das Fatum; denn dies bestimmt ja nicht ἄδικα καὶ δίκαι'. — Man ginge denn in der Interpretation noch einen Schritt weiter und fasste νόμος als allgemeines, für göttliches und menschliches Wesen gleich geltendes Gesetz der ewig unverrückbaren Sittlichkeit. Da wäre dem Sinne geholfen. Grammatisch möchte man für die landläufige Deutung ein zweites καὶ oder ähnliches bedürfen: „Die Götter und das auch für sie verbindliche Gesetz, oder im Fortgang ein Pronom, z. B τούτῳ νόμῳ.

δουλεύομεν θεοῖς, ὅ τι ποτ' εἰσὶν οἱ θεοί. Or. 418. —

B) Eigenschaften der Götter.

1. **Unsterblichkeit.** Unter den ontologischen Eigenschaften der Götter nimmt keine eine so hervorragende Stellung ein, als ihre Unsterblichkeit; Ewigkeit können wir nicht sagen, denn die θεοὶ ἀνθρωποφυεῖς sind ja Nachkommen und Sprösslinge eines früheren Göttergeschlechtes; und Dionysos, um dessen Abstammung von Zeus und daraus folgende Göttlichkeit sich eine ganze Tragödie dreht, wird trotz seines so nahe liegenden zeitlichen Gewordenseins doch als ἥσσων οὐδενὸς θεῶν (Bacch. 777) bezeichnet. *)

Die Unsterblichkeit nun geht wesentlich über die Grenzen des Menschenthums hinaus; hier haben wir einen charakteristischen Unterschied. — Lukian stellt Götter und Menschen in folgender Weise einander gegenüber *(vitt. auct. 14.)* Τί οἱ ἄνθρωποι; θεοὶ θνητοί. Τί δαὶ οἱ θεοί; ἄνθρωποι ἀθάνατοι. Auch Schol. Ilias N. 521 „— οἱ θεοὶ — ἀθανασίᾳ μόνῃ διαφέροντες ἀνθρώπων —" Sophokles äussert sich direct über diese den Göttern zukommende Eigenschaft: O. C. 607 **):

— — μόνοις οὐ γίγνεται
θεοῖσι γῆρας οὐδὲ κατθανεῖν ποτε. —

Bei Euripides haben wir nur indirecte Aeusserungen darüber. Manches Glück sei dem göttlichen vergleichbar, eines aber fehlt ihm, um jenes zu erreichen. So schien Polyxena

---

*) Was sonst von jüngeren und älteren, wohl verstanden, **gleichzeitig herrschenden** Götterwelten angegeben wird, dürfte auf einer zu weit gehenden Annahme beruhen. Lübker, Unterschiede p. 72, spricht diese Ansicht aus bei Besprechung der Stelle in Iph. Taur. 380 ff. und sagt: „Dabei scheint sie ausdrücklich ein älteres Göttergeschlecht dem jüngeren vorzuziehen; Leto, meint sie, hätte **so etwas nicht gethan**." — Dagegen ist freilich leicht geholfen mit der Setzung des Textes:

οὐκ ἔσθ' ὅπως ἔτικτεν ἡ Διὸς δάμαρ
Λητὼ τοσαύτην ἀμαθίαν. —

Ich finde nur das Verbum ἔτικτεν (oder ἔτεκεν ἂν Porson.) Wecklein. Iph. Taur. Leipz. 1876 zu der Stelle: „solchen Widersinn", d. i. „ein so widersinniges Wesen." „Der Tochter der Leto kann man solchen Widersinn nicht beimessen." — Dass eine fortwährende Entartung, aber nicht in diesem Sinne, auch bei den Göttern sich vollzieht, werden wir noch sehen; es ist übrigens auch unausbleiblich bei den nahen Beziehungen der Götter zur Menschenwelt, weil sie uns ein Reflex von dieser sind." Lübker, Untersch. 79.

**) Citirt nach Dindorf ed. IV. Lips. 1863.

ἴση θεοῖσι πλὴν τὸ κατθανεῖν μόνον. Hec. 356.
Die Tyrannis steht der göttlichen Macht am nächsten; mit der Unsterblichkeit würde sie derselben gleichkommen:
τυραννίδ' ἢ θεῶν δευτέρα νομίζεται·
τὸ μὴ θανεῖν γὰρ οὐκ ἔχει, τὰ δ' ἄλλ' ἔχει. Archel. fr. 252.

Aus diesem wesentlichen Unterschiede zwischen menschlicher und göttlicher Natur entwickeln sich dann die übrigen in Bezug auf der Götter Macht im physischen und moralischen Bereich.

2. Macht, (Allmacht). Zur Allmacht wird das Vermögen des menschenartigen Gottes nicht, theils wegen der Zersplitterung der Gottheit in eine Menge von verschieden und in verschiedenen Gebieten mächtigen Individuen, theils wegen seiner Einschränkung durch das Schicksal. (Nägelsbach I, 8—14). Gegenüber der menschlichen Macht, die ja eigentlich wegen der Natur der Gottheit als Massstab dienen muss, reicht die Göttermacht freilich fast an jenen Begriff hinan. Was die Götter thun, thun sie ῥεῖα, wie der Ausdruck bei Homer so oft lautet. Sophokles bezeugt die Macht:

γένοιτο μεντἂν πᾶν θεοῦ τεχνωμένου. Ai. 86.

Bei Euripides lässt sich vielleicht ein Fortschritt in der Idealisirung der Göttermacht constatiren; wenn die Götter nur wollen, geschieht alles; es bedarf da keines τεχνᾶσθαι. Auf einen speciellen Fall angewendet haben wir die oben citirte Sophokleische Allmacht:

θεοῦ θέλοντος κἂν ἐπὶ ῥιπὸς πλέοις. Ino fr. 401.

Das homerische ῥεῖα ist sicher übertroffen in Helena, wo Zeus angerufen wird: „Vater wirst du genannt und weise; blick' auf uns und befreie uns aus der Mühsal; —

— — κἂν ἄκρα θίγῃς χερί,
ἡξόμεσθ' ἵν' ἐλθεῖν βουλόμεσθα τῆς τύχης. Hel. 1441.

Der Gott genügt sich selbst, bedarf daher keines Dinges ausser ihm.

δεῖται γὰρ ὁ θεός, εἴπερ ἔστ' ὀρθῶς θεός,
οὐδενός. Herc. f. 1345.*)

Nach dem Mass seiner eigenen Kräfte messend staunt der Mensch bei der Wunderwirkung der göttlichen Macht; bei der Beschränktheit seiner Verstandeskräfte sieht er nicht, zu

---

*) Lübker, Theol. p. 6 geht offenbar zu weit, indem er sagt: „Aber alle Weisheit und Gerechtigkeit der Götter ist schon darum unvollkommen, weil ihr Wesen abhängig ist von den Menschen und ihrer Verehrung. Sie sind sich selber nicht genugsam, sondern es liegt in ihrem Wesen und Geschlechte, dass sie sich freuen von den Menschen geehrt zu werden. — — Die Götter verlangen nach den Gaben der Menschen, durch welche sie zu Gunsten derselben gewonnen, ja bestochen [sic!] werden (πείθειν δῶρα καὶ θεοὺς λόγος, Med. 951). Sie missgönnen sich einer dem andern die Opfergaben, die von den Menschen dargebracht werden — —."

welchem Ziel die Götter steuern, wenn sie ihm Unbegreifliches und Unerwartetes fügen. Daher so viel dunkel und, wenn auch im bessern Sinne des Wortes, willkürlich in den Handlungen und Schickungen der Götter:

— ὁ θεός — ἔφυ τι ποικίλον
καὶ δυστέκμαρτον· εὖ δέ πως ἀναστρέφει
ἐκεῖσε κἀκεῖσ' ἀναφέρων. Hel. 711, vgl. ib. 1140.

Einen Trost gewährt dabei noch der Gedanke, dass des Zeus Wille ist, was an uns geschieht:

ὦ Ζεῦ, — — σοῦ γὰρ ἐξηρτήμεθα
δρῶμέν τε τοιαῦθ' ἂν σὺ τυγχάνῃς θέλων. Suppl. 734 ff.
τέλος ἔχει δαίμων βροτοῖς, τέλος ὅπᾳ θέλει. Or. 1545.

Die Götter gefallen sich aber nicht nur darin zu verblüffen, Unerwartetes, Unbegreifliches zu thun und aufzutragen (Alex. fr. 63, Fr. inc. 941), •sondern sie führen auch, da das Ende von ihnen abhängt (πᾶν γὰρ ἐκ θεῶν τέλος, Fr. inc. 942), zu einem unerwartet glücklichen Ende:

τάρσει, τάχ' ἂν γένοιτο· πολλά τοι θεὸς
κἀκ τῶν ἀέλπτων εὔπορ' ἀνθρώποις τελεῖ. Alcmene fr. 101.

Der oberste Vollender menschlicher Bestimmungen und Schicksale ist Zeus; zusammengefasst haben wir das Wirken der Götter insgesammt in einem an mehreren Stellen vorkommenden Ausspruch:

πολλῶν ταμίας Ζεὺς ἐν Ὀλύμπῳ,
πολλὰ δ' ἀέλπτως κραίνουσι θεοί·
καὶ τὰ δοκηθέντ' οὐκ ἐτελέσθη,
τῶν δ' ἀδοκήτων πόρον εὗρε θεός,
(τοιόνδ' ἀπέβη τόδε πρᾶγμα.) Med. 1415.*)

Wenn daher die Götter einen Sterblichen retten wollen, haben sie dazu gar viele Wege offen:

σῶσαι γὰρ ὁπόταν τῷ θεῷ δοκῇ,
πολλὰς προφάσεις δίδωσιν εἰς σωτηρίαν. Fr. inc. 1074.

Sie sind mächtig und glückbringend für die Sterblichen; Iph. Aul. 596; was sie an's Licht bringen wollen, lässt sich nicht verbergen. Jon 1244. Gegen ihre Macht anzukämpfen ist thöricht. Iph. Taur. 1478. — Sie sind durch keine Schranken des Ortes gebunden. Als Dionysos gefangen gesetzt werden soll, wird gefragt:

οὐχ ὑπερβαίνουσι καὶ τείχη θεοί; Bacch. 654.

Wer glaubt, dass die Götter sich um Drohungen kümmern, (d. h. sich einschüchtern lassen; denn strafen werden sie dieselben gewiss, Herc. F. 1242), wer überhaupt ihre Macht

---

*) Vgl. damit jedoch, was später über das Wesen und den Umfang der göttlichen πρόνοια gesagt werden wird.

läugnet, ist ein Thor (Herc. F. 757.) — Der Thor aber ist zugleich der Sünder.

An Macht, vornehmlich aber im Gebrauch derselben der Menschenwelt gegenüber, sind die Götter nicht gleich. Vor allen andern gilt Zeus als oberster Gott und als Vater der Götter:

θεῶν δὲ πάντων πατρὸς ἐξέφυν Διός sagt Herakles, Pirith. fr. 594.

Segenspendend vor allen sind — δύο — — τὰ πρῶτ᾽ ἐν ἀνθρώποισι · | Δημήτηρ θεά — —, ὃς δ᾽ ἦλθεν ἐπὶ τἀντίπαλον ὁ Σεμέλης γόνος· erstere ernährt die Menschen ἐν ξηροῖσι, letzterer παύει τοὺς ταλαιπώρους βροτοὺς λύπης durch der Reben Saft u. s. w. Bacch. 279 ff. vgl. die Klage über die Unmässigkeit, die sich mit diesen nothwendigen Gaben nicht genügen lässt, Fr. inc. 884.

Dionysos steht keiner andern Gottheit nach. Bacch. 777; er ist ein grosser Gott und kein Sterblicher kann ihm Stand halten, Antiop. fr. 177. Mit seinen Gaben hängen die andern Annehmlichkeiten des Lebens zusammen: Wenn kein Wein mehr fliesst,

— — — οὐκ ἔστι Κύπρις,
οὐδ᾽ ἄλλο τερπνὸν οὐδὲν ἀνθρώποις ἔτι. Bacch. 773.

Am meisten aber greift in das Leben der Menschen nicht nur, sondern auch in der Götter Leben, die ihr auch unterworfen sind, Kypris ein. So sagt Helena zur Entschuldigung ihrer Untreue:

τὴν θεὸν κόλαζε καὶ Διὸς κρείσσων γενοῦ,
ὃς τῶν μὲν ἄλλων δαιμόνων ἔχει κράτος,
κείνης δὲ δοῦλός ἐστι · συγγνώμη δ᾽ ἐμοί. Troad. 948.

Sie wirkt mit und durch Eros, der nicht nur Männer und Frauen befällt, — ἀλλὰ καὶ θεῶν ἄνω
ψυχὰς χαράσσει κἀπὶ πόντον ἔρχεται ·
καὶ τόνδ᾽ ἀπείργειν οὐδ᾽ ὁ παγκρατὴς σθένει
Ζεύς, ἀλλ᾽ ὑπείκει καὶ θέλων ἐγκλίνεται. Hipp. V. fr. 434.

In Anbetracht dieser unwiderstehlichen Macht gibt dann der Dichter, dem auch die veredelnden Regungen der nicht blos sinnlichen Liebe bekannt sind, Lehren, wie man sich dem Eros gegenüber verhalten soll, ὅταν ἔλθῃ. Fr. inc. 889. bes. vs. 1 f. „παίδευμα δ᾽ Ἔρως σοφίας ἀρετῆς πλεῖστον ὑπάρχει · — Und wenn der Dichter sonst selbst die verbrecherische Liebe der Geschlechter geschildert hat, so kennt er auch eine andere, die vor ihm wenige mögen gekannt haben. — Wenn wenigstens die Zusammenstellung Welckers (S. 671) richtig ist, haben wir in der folgenden Stelle ein Unicum, möchte ich gerade sagen, da in diesem Falle auch die sinnliche Liebe sich vordrängen konnte. Welcker sagt nämlich: „Polydektes glaubt nunmehr, da Perseus kein Hinderniss für ihn abgebe*), seine Bewerbung mit besserem Erfolge erneuern zu können. — — Danaë stellt ihm auch jetzt noch den Perseus entgegen, der ihr zu lieb gewesen sei, um andrer Liebe Raum zu geben." — Ihre Worte lauten:

> φίλος γὰρ ἦν μοι, καί μ' ἔρως ἕλοι ποτὲ
> οὐκ εἰς τὸ μῶρον οὐδέ μ' εἰς Κύπριν τρέπων.
> ἀλλ' ἔστι δή τις ἄλλος ἐν βροτοῖς ἔρως
> ψυχῆς δικαίας σώφρονός τε κἀγαθῆς·

Dieser Liebe sollten die σώφρονες huldigen, die Kypris des Zeus aber sollten sie fahren lassen. Dict. fr. 342.

Dem so viel verlästerten Hang des Dichters zum Allegorisiren verdanken wir doch etwas, das mir wenigstens recht poetisch erscheint**); ich meine die allegorische Deutung der Macht der Aphrodite für das Entstehen und die Erhaltung aller belebten und leblosen Wesen: „Man kann nicht sagen noch abmessen, wie mächtig sie ist und wie weit ihre Macht ausgreift":

> αὕτη τρέφει σε κἀμὲ καὶ πάντας βροτούς·

> ἐρᾷ μὲν ὄμβρου γαῖ', ὅταν ξηρὸν πέδον
> ἄκαρπον αὐχμῷ νοτίδος ἐνδεῶς ἔχῃ,
> ἐρᾷ δ' ὁ σεμνὸς οὐρανὸς πληρούμενος
> ὄμβρου πεσεῖν εἰς γαῖαν Ἀφροδίτης ὕπο. κ. τ. λ. Fr. inc. 890.

Doch lassen wir jetzt diese Kypris, die man wenigstens nach einer Seite später sogar als οὐρανία bezeichnet hat, und kehren wir zur andern zurück. Diese sahen wir schon früher im Gefolge des Dionysos; auch mit dem Ueberfluss geht sie gerne in Gesellschaft einher; Fr. inc. 887. Leidvoll ist sie und freudvoll:

> ὦ Κύπρις, ὡς ἡδεῖα καὶ μοχθηρὸς εἶ. Fr. inc. 867.

Wenn sie mehr mit Mass waltete, wäre sie leicht die holdeste Göttin. Hel. 1105.

Was sonst noch über ihr Wesen zu sagen wäre, gehörte in das Capitel „Liebe, Ehe" u. s. w., welches von dieser Abhandlung ausgeschlossen bleiben muss.

3. **Weisheit.** Aus der Unsterblichkeit ergibt sich auch die grosse Weisheit; eine Allwissenheit besitzen die griechischen Götter nicht. Die Weisheit zerfällt in die physische Macht des „Allsehens" und in die moralische des Kennens, Wissens. Wie immer geht auch hier Zeus voran:

> ὦ Ζεῦ, πανόπτα καὶ κατόπτα πανταχοῦ

wird er Fr. dub. 1104 angerufen. Damit zu vergl.

---

*) Derselbe war als todt gemeldet worden.
**) Umso mehr als mir dabei immer jenes anakreontische Liedchen ἡ γῆ μέλαινα πίνει κ. τ. λ. 21 im Geiste wieder klingt.

θεὸν δὲ ποῖον, εἰπέ μοι, νομιστέον;
τὸν πάνθ' ὁρῶντα καὐτὸν οὐχ ὁρώμενον. Fr. dub. 1115.
(Zur Melan. nach Welcker 847.) Wie für ihre Macht, so gibt es auch für ihr Sehen und Wissen keine örtliche, physische Schranke: πόρσω γὰρ ὅμως | αἰθέρα ναίοντες ὁρῶ- | σιν τὰ βροτῶν οὐρανίδαι. Bacch. 392. Auf dieser Annahme ihres Allsehens beruht ja der ganze Glaube vom Nutzen des Gebetes und Opfers, die Heiligkeit des Eides, die Furcht des Menschen Böses zu begehen.

Wer glaubt, dass er Böses thun und damit den Göttern verborgen bleiben kann, hat einen schlechten Glauben und wird mit demselben zu Grunde gehen. Phrix. fr. 832.

Doch weit höher als wegen dieser physischen Seite stehen die Götter wegen der moralischen und der damit zusammenhängenden Heiligkeit, da nach griechischer Anschauung Wissen und Erkennen im Allgemeinen so viel gilt als Wollen und Ueben.

σοφὸς γὰρ ὁ θεός· Phoen. 414. Die Götter sehen auch auf's Herz; sie werden den Eid nicht nach dem Wortlaute beurtheilen, sondern sehen, ob er rechtmässig oder mit List und Gewalt dem andern abgenommen worden:

οὐ γὰρ ἀσύνετον τὸ θεῖον, ἀλλ' ἔχει συνιέναι
τοὺς κακῶς παγέντας ὅρκους καὶ κατηναγκασμένους. Iph. Aul. 394.

Trotzdem Euripides sich zu dieser sittlichen Auffassung der Motive emporgeschwungen, lässt er gleichwohl seine Personen ihre Eide, auch wenn sie damit getäuscht werden, getreulich halten, denn auf der Unverbrüchlichkeit derselben beruht ja fast wie auf der letzten Basis die Sicherheit des bürgerlichen Lebens. Man hat daher, glaube ich, auch kaum irgendwo dem Euripides so schweres Unrecht gethan als eben in diesem Punkte.

Betrachten wir uns den Hippolyt und sein so vielfach verschrieenes Wort:

ἡ γλῶσσ' ὀμώμοχ', ἡ δὲ φρὴν ἀνώμοτος. Hipp. 612.

„Die Zunge hat zwar Geheimhaltung der zu machenden Mittheilung geschworen, aber der Geist sträubt sich, zu einer so ungeheuerlichen Zumuthung nun schweigen zu müssen; er empört sich bei der Unnatürlichkeit solchen Ansinnens; kann er sich demnach zum Schweigen verbunden fühlen?" — Das ist wohl der Sinn dieses Ausbruchs des Entsetzens und Abscheues des keuschen Jünglings bei der blutschänderischen und ehebrecherischen Zumuthung seiner Mutter durch den Mund der Dienerin. — Wie das Theaterpublikum sich dazu verhalten, wissen wir aus Seneca, Ep. 115. — Aber was thut der Jüngling dann? Er verletzt den Eid, von dessen Ungeheuerlichkeit er so tief überzeugt ist, dennoch nicht; nachdem er vergeblich den erzürnten Vater bei allem Heiligen beschworen, ihn nicht zu verdammen, spricht er dennoch nicht jenes Wort, das seinen Geist nicht in Eidesbande gelegt habe: er schweigt, trägt den Fluch des Vaters und geht mit demselben in den Tod. — Darüber schreibt Lübker, Theol. p. 25: „Die Wahrhaftigkeit und Treue des Eidschwurs (ὅρκος) gilt zwar noch grundsätzlich, wird aber thatsächlich vielfach durchbrochen und gelockert, wie der berühmt gewordene Vers zeigt, der vielleicht als der älteste Ausdruck der *reservatio mentalis* betrachtet werden kann: ἡ γλῶσσ᾽ κ. τ. λ." — *)

Lübker hätte nur in den Fragmenten lesen sollen, was dort noch Besonderes über Eid und Eiddeuterei gesagt wird:

συγγνώμονάς τοι τοὺς θεοὺς εἶναι δοκεῖς,
ὅταν τις ὅρκῳ θάνατον ἐκφυγεῖν θέλῃ
ἢ δεσμὸν ἢ βιαῖα πολεμίων κακά,
(ἢ παισὶν αὐθένταισι κοινωνῇ δόμων;)
ἢ τἄρα θνητῶν εἰσιν ἀσυνετώτεροι,
εἰ τἀπιεικῆ πρόσθεν ἡγοῦνται δίκης. Fr. inc. 1030.

Ich meine, die Gegenüberstellung der ἐπιεικῆ und der δίκη, *Commodum* und *Jus*, (*Fas* und *Justitia*), spricht hier laut genug für die Auffassung des Eides bei Euripides. Wir lesen ganz deutlich heraus, dass die Meinung nicht ganz vereinzelt gewesen, man könne einen Eid brechen, wenn es das Leben, Gefangenschaft und Abwendung feindlicher Gefahr und Bedrängniss gelte.**) Dem tritt der Dichter nun entschieden entgegen mit der Frage: συγγνώμονας κτλ. Nach dieser Erwägung wird man nicht umhin können, die Bemerkung Lübker's unter jene Punkte zu stellen, in welchen derselbe den Euripides „nicht unparteiisch beurtheilt hat" (Bernh. p. 409). Sonst ist Lübker selbst auch der Ansicht, dass von Euripides „die Grundlagen griechischer Sittlichkeit d u r c h a u s anerkannt und geehrt werden" (Unterschiede p. 72.). — Wo aber sind diese Grundlagen nicht „durchaus", sondern nur theilweise gewahrt,

---

*) Mich will es nun zwar bedünken, dass man von einer „*reservatio mentalis*" nur in dem Sinne spricht, dass die Reservation vorgängig oder doch wenigstens gleichzeitig mit dem Schwur geschieht. In unserem Falle kommt jenes Bedenken erst nachträglich. Und in den ähnlichen Fällen, wo der Eid kein bekräftigender, sondern ein versprechender ist, ist eine gewisse *reservatio*, wenn schon das ominöse Wort gebraucht werden muss, selbstverständlich, nämlich die, dass man sich nur zu ehrbaren, erlaubten Diensten u. s. w. verschwören lässt. So beim Gehorsam der Ordensleute u. s. w. *Sed haec quidem hactenus.* — Lübker hat freilich als Vorgänger in jener Deutung schon Herrn v. Schlegel gehabt (a. a. O. p. 148), bei dem ein jeder Zuhörer auch getrost glauben mochte, der junge Hippolyt habe frisch und froh den Eid gebrochen; denn es steht dort zu lesen: „folgender Vers zur Entschuldigung eines Meineides."

**) Vgl. darüber, freilich nicht ganz ausschliesslich in diesem Sinn Nägelsbach (V. 30), wo er von den Modificationen der Pflicht der Wahrheitsliebe spricht, woselbst ein g r o s s e r L a x i s m u s an den Tag tritt.

wenn in dem wichtigsten Punkte, der Eidestreue, eine solche Auffassung Platz greifen konnte? *)

Der Eidestreue ist der fromme, gerechte Mann. „Pind. Olymp. 2, 66 bezeichnet mit εὐορκία den Begriff der Frömmigkeit und Sittlichkeit, denn die belohnten Seligen des jenseitigen Lebens werden als Leute genannt, welche auf Erden ἔγαιρον εὐορκίαις." Nägelsbach VIII, 4. Und wenn einmal geklagt wird, dass auf Erden alles ausser Rand und Band und entartet sei, dann hören wir als Aeusserstes den Ausruf:

βέβακε δ' ὅρκων χάρις, οὐδ' ἔτ' Αἰδὼς
Ἑλλάδι τᾷ μεγάλᾳ, αἰθερία δ' ἀνέπτα. Med. 439.

Wo der Eid nicht mehr gilt, da muss auch aller frühere Glaube an Götter und Gerechtigkeit dahin sein; denn wie könnte der Gedanke einer solchen That mit diesem Glauben bestehen? So sagt Medeia zu Jason:

ὅρκων δὲ φρούδη πίστις, οὐδ' ἔχω μαθεῖν,
εἰ θεοὺς νομίζεις τοὺς τότ' οὐκ ἄρχειν ἔτι,
ἢ καινὰ κεῖσθαι θέσμ' ἐν ἀνθρώποις τὰ νῦν,
ἐπεὶ σύνοισθά γ' εἰς ἔμ' οὐκ εὔορκος ὤν; Med. 492 ff.

Den Eidbrüchigen und den ξειναπάτης hört daher auch kein Gott, kein Daimon. Med. 1391. Unverlässlichkeit und Gottlosigkeit sind auch sonst eng verbunden. Polyid. fr. 646. —

Man entschuldige diesen Excurs an dieser Stelle; er hätte vielleicht besser in's vierte Capitel gepasst; da aber Euripides die Götter beim Eid vor allem in's Auge fasst, mag das Gesagte hier seinen Platz haben.

Die Götter sind weise, d. h. auch heilig und gerecht, daher darf Niemand dem Uebelthäter freundlich gesinnt sein, Iph. Aul. 1189. Nur von schlechten Menschen werden die Götter als Beschönigung, als Deckmantel der eigenen Sünden und Vergehungen vorgeschoben.

— — μὴ ἀμαθεῖς ποίει θεάς
τὸ σὸν κακὸν κοσμοῦσα,

wird Helena zurechtgewiesen Troad. 981.

τὰ μῶρα γὰρ πάντ' ἐστὶν Ἀφροδίτη βροτοῖς, das. 989, jeder gibt seiner ἀφροσύνη den Namen Ἀφροδίτη.

Mit der Annahme der grösseren Einsicht hängt die Forderung billiger Nachsicht mit unüberlegten Aeusserungen

---

*) Lübker hat (wenigstens in Theol.) seine Ansichten zwar nicht ausschliesslich, aber doch mit einem Uebergewicht, das jedem bei der ersten Lesung auffallen muss, nicht aus den Aussprüchen des Dichters, sondern aus der Zeichnung der Charaktere und der Entwicklung der Handlung geschöpft. Wenn er jenem Princip mehr treu geblieben wäre, hätte er sich nicht so sehr an dem Wort des Hippolyt ärgern, als an dessen Beispiel verwundern oder sich doch billigend über dasselbe aussprechen müssen. Und er wäre dann mit Nägelsbach zusammen getroffen (V. 31): „Es wird sogar derjenige Schwur gehalten, der dem Schwörenden in listiger, betrüglicher Absicht abgenommen worden war."

jugendlichen Ungestüms und (unsträflichen) Selbstgefühls zusammen. Aphrodite soll nicht auf die Reden des Hippolyt hören:
σοφωτέρους γὰρ χρὴ βροτῶν εἶναι θεούς. Hipp. 127,
und ὀργὰς πρέπει θεοὺς οὐχ' ὁμοιοῦσθαι βροτοῖς, Bacch. 1348.
Ein Ausfluss der göttlichen Weisheit ist die
4. Wahrhaftigkeit. Auch hier geht Zeus voran:
Ζεὺς ἐν θεοῖσι μάντις ἀψευδέστατος...
καὶ τέλος αὐτὸς ἔχει· Fr. inc. 875.

Nach ihm tritt besonders hervor Apollon, der so vielfach in's menschliche Leben mit Verheissungen und Weisungen eingreift. Er lässt Recht und Wahrheit siegen, οὐ μιανθῆναι θέλων. Jon 1184. Gegenüber der Unstetigkeit der menschlichen Natur findet man das Wort der Götter wahr. Hel. 1148 ff. Des Phoibos Spruch geht in Erfüllung; daher:
τὸν τοῦ θεοῦ δὲ χρησμὸν οὐ κακιστέον. Iph. Taur. 105.
Wie schlimm stünde es, wenn man auch ihm nicht mehr trauen könnte!
ὅπου δ' Ἀπόλλων σκαιὸς ᾖ, τίνες σοφοί; El. 972.

Ein zuversichtliches Gottvertrauen selbst in der grössten Gefahr spricht aus den Worten des Pylades:
ἀτὰρ τὸ τοῦ θεοῦ σ' οὐ διέφθορέν γε πω
μάντευμα, καίτοι γ' ἐγγὺς ἕστηκας φόνου. Iph. Taur. 719.

Lang bleibt zwar oft die Hilfe aus, schliesslich aber erweist sie sich nicht als machtlos. Jon. 1614. Dazu stimmt das Bekenntniss:
— — Λοξίου γὰρ ἔμπεδοι
χρησμοί, βροτῶν δὲ μαντικὴν χαίρειν ἐῶ. El. 399.

Da der menschliche Verstand die dunklen Wege der ewigen Gerechtigkeit nicht ergründen kann, ist's begreiflich, dass Apoll, der Weise einmal etwas räth, was nicht weise ist. El. 1246 (oder vielmehr nicht weise scheint. Vgl. den vorhergehenden Vers: „Phoibos ist Phoibos — er ist mein Herr, ich schweige" und den f.: „αἰνεῖν δ' ἀνάγκη ταῦτα", auch wenn man das Walten nicht begreift, daher nicht billigen kann).

Da überdies durch die Seher — (worüber unten mehr) — so viel Verwirrung in die menschlichen Angelegenheiten kommt, begreifen wir leicht den Wunsch:
— — Φοῖβος ἀνθρώποις μόνον
χρῆν δεσπιῳδεῖν, ὃς δέδοικεν οὐδένα. Phoen. 958.

So wie man gegen den Willen der Götter nichts verbergen kann, so kann man auch nichts von ihnen erfahren, was sie uns nicht wollen wissen lassen.
τῷ γὰρ θεῷ τἀναντί' οὐ μαντευτέον · — —
ἂν γὰρ βίᾳ σπεύδωμεν ἀκόντων θεῶν
ἀνόνητα κεκτήμεσθα τἀγάθ', —
ἃ δ' ἂν διδῷσ' ἑκόντες, ὠφελούμεθα. Jon 373 ff.

5. **Gerechtigkeit, Heiligkeit, Gnade.** Mit der aus göttlicher Weisheit nach griechischer Anschauung sich natürlich ergebenden Heiligkeit sieht es nach den volksthümlichen Begriffen schlecht genug aus. Nur nach einer Seite ist dieselbe consequent ausgebildet, nach der Seite der Gerechtigkeit; aber auch selbst da erscheint wieder ganz vorwiegend, um nicht zu sagen ausschliesslich, die minder schöne Seite der strafenden Gerechtigkeit ohne Ausnahme durchgeführt; die belohnende ist willkürlich.

Dass sich die Götter dem Los der Sterblichen gegenüber nicht theilnahmlos verhalten, haben wir oben gehört z. Heracl. 717, Fr. inc. 981. Nur ist diese Theilnahme im Allgemeinen blos in Gedanken oder passiv; ein thatkräftiges Eingreifen würde man oft erwarten.

— τοὺς γὰρ εὐσεβεῖς θεοὶ
θνήσκοντας οὐ χαίρουσιν· τούς γε μὲν κακοὺς
αὐτοῖς τέκνοισι καὶ δόμοις ἐξόλλυμεν. Hipp. 1339.

Unerwartet zeigt sich da oft ihre Macht: σώζουσι δ' οὓς φιλοῦσιν. Iph. Aul. 1610. Den muthigen Mann, der gegen die Feinde fällt, werden sie vor Entehrung zu schützen wissen. Hel. 851 ff; sie dürfen nicht dem Frevler beistehen gegen den Unterdrückten. Or. 583 und, wenn sie weise sind

— — οὐκ ἐᾶν βροτῶν
τὸν αὐτὸν ἀεὶ δυστυχῆ καθεστάναι. Phoen. 86. vgl. Fr. inc. 892.

Wie erschiene ein Gott, der nicht auch diese positive Gerechtigkeit übte! Dem Zeus ruft Amphitruo zu:
ἀμαθής τις εἶ θεός, εἰ δίκαιος οὐκ ἔφυς. Herc. F. 347.
Diese Gerechtigkeit leidet in mancher Richtung Ausnahmen. Es steht fest, dass ein Gott Sterblichen gegenüber nicht unterliegen darf. Wen nun eines Gottes Zorn getroffen, der muss, auch wenn er sonst unsträflich wäre, untergehen. So heisst es mit Bezug auf Herakles und die Feindschaft der Hera gegen ihn:

— — ἦ, θεοὶ μὲν οὐδαμοῦ,
τὰ θνητὰ δ' ἔσται μεγάλα, μὴ δόντος δίκην. Herc. F. 841.

In diesem Falle nützt selbst die besondere Freundschaft einer andern Gottheit nichts. In der Verfolgung ihrer Rache geben sie einander Raum und geben ihre Schützlinge preis:

οὐδεὶς ἀπαντᾶν βούλεται προθυμίᾳ
τῇ τοῦ θέλοντος, ἀλλ' ἀφιστάμεσθ' ἀεί. Hipp. 1329. *)

---

*) In diese Stelle haben Spengler p. 10 und Pohle p. 5 zu viel hineingelegt. Artemis sagt 1331 f: Wenn ich nicht den Zeus fürchtete, wäre ich sicher nicht εἰς τόδ' αἰσχύνης gekommen, den mir liebsten Menschen so preiszugeben. Spengler nun sagt; — *dei — etiam inter se pugnant* (Hippol. 1330 sqq.), Pohle: „*in Hippolyto* (v. 1328) *Diana ipsa negat deorum quemquam suo ipsius judicio et arbitrio uti.*"

Als **Phaidra** ihrem Unstern preisgegeben werden soll, erklärt **Aphrodite**:

τὸ γὰρ τῆσδ' οὐ προτιμήσω κακὸν
τὸ μὴ οὐ παρασχεῖν τοὺς ἐμοὺς ἐχθροὺς ἐμοὶ
δίκην τοσαύτην, ὥστ' ἐμοὶ καλῶς ἔχειν. Hipp. 48.

Das ist freilich nicht mehr Ausübung der Gerechtigkeit, das streift schon hart an persönliche Rache und der θεὸς ἀνθρωποφυής unterscheidet sich da blutwenig vom ἄνθρωπος, von dem es auch heisst: Sonst wohl ist's leicht, frommen Sinnes zu sein;

— ὅταν δὲ πολεμίους δρᾶσαι κακῶς
θέλῃ τις, οὐδεὶς ἐμποδὼν κεῖται νόμος. Jon 1046.

Der Mensch muss daher nichts so sorgfältig meiden als den φθόνος der Götter und die νέμεσις:

μόνον | φθόνον ἄμαχον ὕπατος | Ζεὺς θέλοι ἀμφὶ | σοῖς λόγοισιν εἴργειν. Rhes. 455.

Wer den Göttern verhasst ist, ist verloren:

— — τίν' ἐπικουρίαν λάβω,
ἐπεὶ τὸ θεῖον δυσμενὲς κεκτήμεθα; Or. 266.

Hingegen das Glück, der göttlichen Huld theilhaftig zu sein, spricht schön aus dem zuversichtlichen Wort:

Ζεύς μοι σύμμαχος, οὐ φοβοῦμαι. | Ζεύς μοι χάριν ἐνδίκως | ἔχει· οὔποτε θνατῶν | ἥσσους θεοὶ — φανοῦνται. Heracl. 766, vgl. Philoct. fr. 797.

Und Theseus ruft siegesgewiss in den Suppl. 594 aus:

ἓν δεῖ μόνον μοί, τοὺς θεοὺς ἔχειν, ὅσοι
δίκην σέβονται,

das verleiht Sieg; die Tapferkeit allein bringt den Sterblichen keinen Gewinn, ἢν μὴ τὸν θεὸν χρῄζοντ' ἔχῃ. — So greift der weise Feldherr mit den Göttern zum Speer, nicht gegen deren Willen (und Mahnung), Erechth. fr. 354. vgl. Melan. fr. 490. Ohne die Götter gibt es kein Glück; fahrt wohl, ihr menschlichen Pläne, Fr. inc. 1014. Andromeda fr. 149. — Wo die Gottheit gnädig ist, wendet sich leicht Unglück in Glück:

ὅταν πολίταις εὐσταθῶσι δαίμονες,
ἕρπει κατάντης συμφορὰ πρὸς τἀγαθά. Rhes. 317. —

Im sichtbaren und gegenwärtigen Schutz der Götter stehen die Verfolgten, die durch's Unglück schon als ἁγνοί erscheinen, die an den Altären Schutz suchen.

ἅπασι κοινὸν ῥῦμα δαιμόνων ἕδρα. Heracl. 206.

Man darf denselben nicht mit Gewalt nahen, noch weniger sie tödten. Vgl. Heracl. 101, 107, 254; Jon 1256, Hel. 449, El. 902, Hel. 1277, Stheneb. fr. 669.

Dagegen lesen wir einen Protest des Dichters gegen den vielfachen Missbrauch, der mit den Asylstätten getrieben worden, an zwei Stellen, Jon 1312 ff., Fr. inc. 1036, worüber später.

Die Huld und Gnade der Götter muss verdient werden; aber auch dem Verdienst folgt sie nicht immer. Sie ist willkürlich; die Götter lieben zwar die Frommen; sie lieben aber nicht alle Frommen; „sie haben ein Herz nicht für das Geschlecht, sondern für Einzelne, seien es Personen oder Gesammtheiten." Nägelsbach I, 39. Da nun der Grieche sein Verhalten der Gottheit gegenüber wie auf einem Vertrag beruhend aufzufassen geneigt ist, so ist es erklärlich, dass, wenn er seine Verpflichtung erfüllt, der Gottheit gedient und geopfert, sie geehrt und fromm gelebt hat, er auch einen Anspruch auf Lohn zu haben glauben mag. Da stösst er nun wieder auf Wirren. Nicht nur, dass die Liebe eines Gottes gegenüber dem Hass eines andern ohnmächtig zusieht, geniessen die Frommen auch, wo jenes Hinderniss nicht eintritt, selten des gebührenden Glückes. Scyr. fr. 685. Da regen sich dann Bedenken in Menge:

εἰ δ'εὐσεβὴς ὢν τοῖσι δυσσεβεστάτοις
εἰς ταὔτ' ἔπρασσον, πῶς τάδ' ἂν καλῶς ἔχοι,
εἰ Ζεὺς ὁ λῷστος μηδὲν ἔνδικον φρονεῖ; Phrix. fr. 829.

„Dass aber der Mensch unglücklich und dennoch von den Göttern geliebt sein könne, ist wenigstens keine Vorstellung des griechischen Volksglaubens." Nägelsbach I, 39. Doch finden wir noch einen Ausweg; die Resignation, „es kann nicht allen wohl ergehen."

εἰ δ' ἠμελήθην ἐκ θεῶν — —,
ἔχει λόγον καὶ τοῦτο· τῶν πολλῶν βροτῶν
δεῖ τοὺς μὲν εἶναι δυστυχεῖς, τοὺς δ' εὐτυχεῖς. Antiop. fr. 207.

Oft bleibt dem, der sich seiner Unsträflichkeit bewusst ist, nur der Trost, das Unglück werde vorüber gehen:

εἰς τέλος γὰρ οἱ μὲν ἐσθλοὶ τυγχάνουσιν ἀξίων,
οἱ κακοὶ δ' ὥσπερ πεφύκασ', οὔποτ' εὖ πράξειαν ἄν. Jon 1619.

Den Inhalt des ersten Verses finden wir häufig ausgesprochen. Klytaimnestra spricht zu Achilleus, der sich ihrer und ihrer Tochter angenommen:

— εἰ δ' εἰσὶ θεοί, δίκαιος ὢν ἀνὴρ
ἐσθλῶν κυρήσεις· Iph. Aul. 1034.

Im Glauben an eine solcherart sich äussernde Gerechtigkeit der Götter kommt man zu der Annahme, dass der Glückliche weise (d. h. auch gut), dass der Mächtige ein wackerer Mann sei.

τὸν εὐτυχοῦντα καὶ φρονεῖν νομίζομεν. Fr. inc. 1006. Alcmene fr. 100; Archel. fr. 249. τί δ' οὐκ ἂν εἴη χρηστὸς ὄλβιος γεγώς; so ist auch das Glück gerne mit den εὖ φρονοῦσι. Pirith. fr. 601.

Lübker Theol. 38 bezeichnet es als eine bedenkliche Annahme, „dass es dem Guten wohl, dem Bösen übel gehen müsse, dass sich also von dem Glück oder Unglück auf die vor gegangenen Handlungen zurückschliessen lasse." — Aber wir haben gesehen, das Euripides diese Aussprüche nicht so apodiktisch gegeben; nach der allgemeinen Lage möchte ich sagen, machen jene Bemerkungen und die denselben zu Grunde liegenden Vorstellungen dem Dichter eher Ehre, als dass sie von einer „Bedenklichkeit" Zeugniss geben.

Die Götter unterdrücken und strafen die Sünde nicht nur, sondern sie hassen dieselbe auch ihrem Wesen nach und dadurch bekommt ihre strafende Gerechtigkeit einen starken moralischen Hintergrund; persönliche Rache u. dgl. ist nicht immer ausgeschlossen. — Alle Sünde kommt her aus der Ueberhebung; daher ist diese auch ihrer Zurückweisung und Vernichtung sicher. Sie wächst und bläht und hebt sich nur himmelan, um dann so gewisser in den Abgrund zu stürzen. Vgl. Soph. O. R. 873 ff.

Die ὕβρις, von der daselbst geredet ist, äussert sich in Worten oder im ganzen Gebahren und Wesen des Menschen. (Ob auch in Gedanken, zweifle ich; übrigens kehrt sich die Beobachtung der griechischen Welt weniger auf dieses Gebiet; was von φρονεῖν u. s. f. im Folgenden gesagt wird, ist nicht so sehr von der Ueberhebung im Innern, als vom Prahlen und Grossthun zu verstehen. Die griechischen Götter, denen gegenüber man mit Legalität ausreicht, sind natürlich auch keine „scrutatores renum".)

Zunächst wird gesündigt durch die Zunge; sie ist im Zaum zu halten, sonst wird sie Unglück bringen. Aeg. fr. 5. Der unglückliche Hippolyt mag als Beispiel dienen; denn sonst war die Beleidigung der Göttin doch nur nach der negativen Seite als Vernachlässigung eingetreten. — Götter und Menschen hassen τὰς ἄγαν προθυμίας Or. 708. Zeus geht voran als Bestrafer:

— — τῶν φρονημάτων
ὁ Ζεὺς κολαστὴς τῶν ἄγαν ὑπερφρόνων. Heracl. 387.

Ueberhebung ist's κρείσσω δαιμόνων εἶναι θέλειν, Hipp. 474. (Heisst hier wohl, stärker sein, d. h. der Einwirkung, der Lockung zur Liebe widerstehen wollen.)

Trotzdem die Götter unser Leben mit so vielen Gaben geziert und verschönt haben, bescheiden wir uns doch nicht in denselben;

ἀλλ' ἡ φρόνησις τοῦ θεοῦ μεῖζον σθένειν
ζητεῖ, τὸ γαῦρον δ' ἐν φρεσὶ κεκτημένοι
δοκοῦμεν εἶναι δαιμόνων σοφώτεροι. Suppl. 216.

Aber die göttliche Macht richtet empfindlich auf die rechte Bahn die Menschen, die in Einbildung leben καὶ μὴ τὰ θεῶν | αὔξοντας σὺν μαινομένᾳ δόξᾳ. Bacch. 884. Wer sich überhebt ist ein Thor, Troad. 964. Der Sterbliche meide das καταφρονεῖν θεῶν und das σοφίζεσθαι τοῖσι δαίμοσιν. Bacch. 199 ff.

Ein Gott wendet das Los des Uebermüthigen zum Unglück κοὐκ ἐᾷ φρονεῖν μέγα. Andr. 1007. — Aus der Bestrafung eines Götterverächters sollen die anderen Menschen lernen:

εἰ δ' ἔστιν ὅστις δαιμόνων ὑπερφρονεῖ,
εἰς τοῦδ' ἀθρήσας θάνατον ἡγείσθω θεούς. (Pentheus.) Bacch. 1325. Daher muss man den Göttern sich fügen ohne Widerstreben, Fr. inc. 1061 ; rechtlicher und weiser Männer Art ist's

κἂν τοῖς κακοῖσι μὴ τεθυμῶσθαι θεοῖς. Fr. inc. 1063.

Aber die Götter verfolgen nicht nur die bewusste Ueberhebung, sondern sie stehen feindlich all' dem gegenüber, was über menschliches Mass hinausragt, und was daher, mit ihrem Wesen verglichen, demselben Abbruch thun könnte. Da hätten wir selbst im Punkte der Gerechtigkeit, der sonst so ziemlich ausnahmslos geltenden Eigenschaft, wieder eine schwache Seite an dem θεὸς ἀνθρωποειδής. Er lässt die Bäume nicht nur nicht in den Himmel wachsen, er fällt sie noch zudem.

— — τῶν ἄγαν γὰρ ἅπτεται
θεός, τὰ μικρὰ δ' εἰς τύχην ἀφεὶς ἐᾷ. Fr. inc. 964. vgl. Teleph. fr. 724.

Wie sich die göttliche Gerechtigkeit bestimmten Vergehen gegenüber benimmt, werden wir später hören.

6. **Beeinträchtigung des göttlichen Wesens; Kritik des Euripides.** Euripides, der von dem, was er Gott nennt, was er für einen Gott erklärt, mehr fordert als was der θεὸς ἀνθρωποφυής zu leisten im Stande ist, geräth oft und leicht in die Lage, den Zwiespalt zu constatiren, in den das Menschengeschlecht da hineingezogen wird. Er bleibt aber nicht rathlos demselben gegenüber stehen, sondern spricht das lösende Wort: Was uns so vorgestellt wird, ist kein Gott; oder wenn es ein Gott sein soll, darf es diese Schwächen und Gebrechen nicht an sich haben. Menschlicher Unverstand oder menschliche Schlechtigkeit hat ihm dieselben angedichtet, um dem Gott gegenüber selbst weniger strafbar oder unvollkommen zu erscheinen. Das haben wir schon an mehreren Stellen gesehen. — Man müsste nun auf einem ganz absonderlichen Standpunkt stehen, wenn man dieses Bestreben des Dichters verdammen wollte, wenn man meinte, es sei ihm zu gemein zum Volksglauben sich zu bekennen; wenn man behauptete, er habe die Existenz der Götter geläugnet. Dem Aristophanes zwar werden wir es nicht verargen, wenn er von Euripides sagt: ἀναπέπεικεν ἄνδρας οὐκ εἶναι θεούς, Thesm. 451 ; das heisst freilich aus der Sprache des Komödiendichters in die Prosa der vollen Wahrheit übertragen nur so viel: Was das Volk als Götter ehre, das seien, mit diesen Attributen versehen, keine Götter; *non esse deos eos, quos (quales) vulgus colat.* Dass Euripides grosses Aergerniss genommen an den Altweibermärchen, wie sie zu Hunderten von Mund zu Mund gingen und sich im

öffentlichen und Privatleben hervordrängten, erhellt auf den ersten Blick. Vgl. Spengler p. 16, Pohle p. 5. — Die Berechtigung des Zweifels haben wir schon gesehen; nun war aber der menschenartige Gott nach keiner Seite so gewappnet, dass er dem Zweifel hätte Stand halten können. Denn man kann nicht sagen, „der Grieche habe an allmächtige, allwissende, heilige, gütige Götter geglaubt. Dieser Glaube blieb nicht unbeeinträchtigt . . . ." Nägelsbach I, 59.

Euripides aber hatte sicher das Recht, von seinen Göttern das zu fordern. Man vergleiche den Ausspruch Nägelsbach's, der an der Spitze dieser Arbeit prangt. Wenn jener Satz, wofür ich ihn halte, wahr ist, kann ich nicht umhin, den Euripides seines Gewissens wegen immer mehr zu bewundern.

Man darf daher nicht dem Dichter schuld geben, wenn er bei seinen Untersuchungen, die er nicht leichtsinnig oder frivol — das haben wir früher bewiesen — anstellte, zu keinem befriedigenden Resultat gelangen konnte. Ueberdies war Euripides zu viel Dichter; er „besass keine Methode, war kein consequenter Denker in Ethik und Philosophie der Religion und ging noch weniger auf einen positiven Grund und Rückhalt in diesen Gebieten gleich Sokrates zurück." Bernh. p. 405. Nägelsbach erklärt an einer andern Stelle (I. 28), die griechischen Götter seien von Homer dem Volke durchaus nicht als heilig überliefert worden; der homerische Glaube bestand aber, wenig modificirt (gerade in diesem Punkte vielleicht am wenigsten), fort: „wir erwarten zunächst eine Bekämpfung der unwürdigen und unsittlichen Geschichten, welche vom Volk als Thatsachen geglaubt werden." — Nun ist Euripides ganz besonders der Mann, der diese Geschichten bekämpft; dass die Helden dieser Geschichten, die guten alten Götter des Volksglaubens darunter leiden, ist doch ganz natürlich. — Wenn das Streben, den Begriff der Gottheit zu läutern, das Wesen derselben mit den Forderungen des Gewissens und einer reinen Sittlichkeit in Einklang zu bringen, nicht ein durchaus edles, moralisches wäre, zu dessen Vertheidigung kein Wort zu sagen ist, möchte ich mit Bezugnahme auf die eben angeführte Stelle Nägelsbach's aus Nägelsbach selbst noch jenes Vorgehen des Euripides als eine grosse moralische That nachweisen. — Freilich, was im I. Abschnitte in der Theorie erwartet, — und ich darf, ohne zu weit zu gehen, sagen — gewünscht und gebilligt wird, das sollte dann bei der praktischen Durchführung nicht getadelt, oft so herbe getadelt werden, wie es im VIII. Abschnitte geschieht.

Was bisher gesagt worden, wird keineswegs entkräftigt durch die Bemerkung Nägelsbach's (VIII, 9): „die Berechtigung dieser Vorwürfe ist in diesen Fällen ganz unläugbar; merkwürdig ist nur, dass der Dichter zu solchen Göttern als zu

Göttern spricht, die Ueberlieferung der Sage als Thatsachen behandelt und sich doch dazu versteht, solche Thatsachen von den Göttern zu glauben uneingedenk des im Beller. 300*) ausgesprochenen Grundsatzes:

εἰ θεοί τι δρῶσιν αἰσχρόν, οὐκ εἰσὶν θεοί. —"

Ich meine nun, Euripides hatte keine andere Möglichkeit als von den überlieferten Göttern auszugehen und durch die an ihnen geübte Kritik, durch Wegnahme alles Unheiligen, Unreinen und Hineinlegen der Ideale göttlicher Heiligkeit und Gerechtigkeit in dieselben sie so darzustellen, dass der unvollkommene θεὸς ἀνθρωποφυής zum wirklichen, reinen θεός würde, dem von der menschlichen Unvollkommenheit nichts anhinge, vom menschlichen Wesen nur Milde und Liebe bliebe.

Doch nun zum Einzelnen!

Es ist nicht zufällig, dass Euripides gerade an die obersten Mächte, an Zeus und Apollon sich am entschiedensten gewagt. Sie sind ihm, wie wir schon zu bemerken Gelegenheit hatten, die entschiedensten Träger und Repräsentanten des wahren Begriffs der Gottheit. — Anfänglich haben wir nur Bedenken; Alkmene äussert sich in den Herakleiden:

Ζεὺς ἐξ ἐμοῦ μὲν οὐκ ἀκούσεται κακῶς,
εἰ δ' ἐστὶν ὅσιος αὐτὸς οἶδεν εἰς ἐμέ. Heracl. 718.

Ganz ähnliches hören wir aus dem Munde der Kreusa im Jon: Wenn Apollon auch jetzt das frühere Unrecht gut machen wollte, könne er doch nicht mehr ἅπας φίλος gegen sie werden; was er aber schicken werde, wolle sie, θεὸς γάρ ἐστι, hinnehmen. Jon 425 ff. — Beide Götter bewähren sich schlecht als Väter. Zeus verstehe es wohl, εἰς μὲν εὐνὰς κρύφιος μολεῖν, die Seinigen aber zu retten verstehe er nicht. Herc. F. 339 ff. Derselbe Vorwurf trifft den Apoll, der seine Sprösslinge irgendwo vorkommen lasse, Jon 436, so wie es überhaupt unerhört sei, dass je Göttersprösslinge glücklich geworden:

οὔτ' ἐπὶ κερκίσιν, οὔτε λόγοις | φάτιν αἰὸν εὐτυχίας μετέχειν | θεόθεν τέκνα θνατοῖς. Jon 506 ff. vgl. Med. 1256.

An den Göttern haften Schwächen in Menge: „Auch bei ihnen steht der Gewinn hoch in Ehren; wer am meisten Gold in den Tempeln hat, wird bewundert; greif nur auch du nach dem Gewinn, da es doch wenigstens erlaubt sein muss, sich den Göttern ähnlich zu machen." Philoct. fr. 792. — Doch dem ist in Wahrheit nicht so: Wenn die Sterblichen jene Beispiele nachahmten, welche Strafen würden sie sich zuziehen? Daraus wird dann gefolgert:

πῶς οὖν δίκαιον τοὺς νόμους ὑμᾶς βροτοῖς
γράψαντας αὐτοὺς ἀνομίαν ὀφλισκάνειν; —

---

*) Bei Nauck, Beller. fr. 294, vs. 7.

wenn Apoll und Poseidon und Zeus, — was freilich nicht geschehen kann, — Busse zahlen müssten βιαίων γάμων, sie wären genöthigt, ihre Tempel vollständig auszuleeren, um alles abzuzahlen. Daher —

— — οὐκέτ' ἀνθρώπους κακοὺς
λέγειν δίκαιον, εἰ τὰ τῶν θεῶν κακὰ
μιμούμεθ', ἀλλὰ τοὺς διδάσκοντας τάδε. Jon 442—51.

Dass der Dichter diese Worte dem jugendlichen Jon in den Mund legt, der in seiner Unschuld und naiven Gläubigkeit an die Grösse seines Gottes einen so lieblichen, einnehmenden Zauber ausübt, verleiht dem Ausspruche eben erst das volle Gewicht. Wir haben da keine von der Skepsis angekränkelte oder angefressene Natur, sondern einen fromm gläubigen Jüngling, dessen Stolz und Freude es ist, dem Gotte, der ihn dafür auch erhalte und schmücke, sein Leben zu weihen, nicht schlechten Sterblichen zu dienen. Vgl. Jon 327, 131 ff. 182 f. Er steht das erste Mal vielleicht einer so ernsten Frage gegenüber und in der Angst um die Grösse und Heiligkeit seines Gottes, die sein eigenes Glück und theilweise seinen Stolz ausmacht, kann er sich nicht enthalten auszurufen:

— — Νουθετητέος δέ μοι
Φοῖβος, τί πάσχων παρθένους βίᾳ γάμων
προδίδωσι, παῖδας δ' ἐκτεκνούμενος λάθρᾳ
θνήσκοντας ἀμελεῖ· μὴ σύ γ'· ἀλλ' ἐπεὶ κρατεῖς,
ἀρετὰς δίωκε. Jon 436 ff.

Dabei mag man noch immer sich gegenwärtig halten, wie eigenthümlich gerade diese Worte auf die verständigen Zuhörer müssen gewirkt haben, da diese schon wussten, gerade der vor ihnen redende Jüngling sei ein solches **scheinbar vergessenes und verlassenes Götterkind**, das schliesslich aus den heiligen Tempelhallen auf den Thron, aus dem Verwaistsein in eines mächtigen Königs Haus als Sohn und Erbe erhoben werden.

Ueber Apoll wird auch geklagt:

ἐμνημόνευσε δ'ὥσπερ ἄνθρωπος κακὸς
παλαιὰ νείκη· πῶς ἂν οὖν εἴη σοφός; Andr. 1164. vgl. Or. 595:
„Er hat den Muttermord dem Orest befohlen, er ist daher strafbar." — Iph. Taur. 711 ff. heisst es, aus Scham über seine früheren Weisungen habe er die beiden Jünglinge möglichst weit von Griechenland weggeführt, damit ihr Untergang weniger bekannt würde und ihn, der denselben veranlasst, weniger Tadel träfe.

Wenn wir auch mit Lübker (Theol. p. 23) zugeben, „dass sich der Dichter die Berechtigung der Blutrache und die Unerlässlichkeit der Sühne für begangene Frevel nicht in ausreichendem Masse vorgestellt hat", so finden wir doch auch eine ganz befriedigende Lösung, wenn wir uns folgender Ansicht anschliessen: Oft lässt Euripides seine Personen „ungläubige und missgünstige Meinungen über Orakelsprüche oder Anordnungen der Götter aussprechen, um durch den Verlauf der Handlung die kurzsichtigen Urtheile der Menschen über die Wege der Gottheit zu kennzeichnen." — Wecklein z. Iph. Taur. 77. — Das tritt deutlich auch an den eben angeführten Aeusserungen Jon's, 436 ff. hervor. Auch Artemis verdient Tadel:

τὰ τῆς θεοῦ δὲ μέμφομαι σοφίσματα,

da sie einen Blutbefleckten von ihren Altären ferne hält, sich selbst aber an Menschenopfern erfreut. Leto könne unmöglich τοσαύτην ἀμαθίαν geboren haben. Iph. Taur. 380 ff. vgl. Auge fr. 268, dazu Clem. Alex. Strom. VII. p. 841 sqq. — Poseidon fragt die Athena:

τί δ' ὧδε πηδᾷς ἄλλοτ' εἰς ἄλλους τρόπους,
μισεῖς τε λίαν καὶ φιλεῖς ὃν ἂν τύχῃς; Troad. 67.

Die ungerechte Rache der Hera Herakles gegenüber ist schon oben gewürdigt worden; vgl. die Folgerung daraus: Herc. F. 1307 ff. — Hippolyt achtet die Aphrodite nicht:

οὐδείς μ' ἀρέσκει νυκτὶ θαυμαστὸς θεῶν. Hipp. 106.

Euripides bezeugt übrigens selbst, dass in vielen Fällen, wo der Mensch gegen die Götter murrt, kein Grund dazu vorhanden ist. Eine Anschuldigung spricht sich so schnell und leicht aus:

A. πόλλ', ὦ τέκνον, σφάλλουσιν ἀνθρώπους θεοί.
B. τὸ ῥᾷστον εἶπας, αἰτιᾶσθαι θεούς· Archel. fr. 256.

Von diesem Gesichtspunkte, der der Nägelsbach'schen Bemerkung von der „einseitigen Auffassung eines doppelseitigen Verhältnisses" entspricht, ist auch zu betrachten Hipp. V. fr. 448, Fr. inc. 925. Noch entschiedener wirft sich Euripides im Folgenden als Anwalt der durch Menschendichtung entstellten Götter auf:

— — οὐδὲ γὰρ λάθρᾳ δοκῶ
φωτὸς κακούργου σχήματ' ἐκμιμούμενον
σοὶ Ζῆν' εἰς εὐνὴν ὥσπερ ἄνθρωπον μολεῖν. Antiop. fr. 209. —

Dass Herakles (Pirith. fr. 594) ausdrücklich behauptet, Zeus sei seiner Mutter genaht, ὡς λέλεκται τῆς ἀληθείας ὕπο, ist von ihm ganz begreiflich; der Dichter musste den Herakles eben als den aller Welt bekannten vorführen. —

Εἰ θεοί τι δρῶσιν αἰσχρόν, οὐκ εἰσὶν θεοί. Beller. fr. 294, vs. 7.

Auf diesen Punkt gestützt lassen sich dann die schwersten Anklagen gegen die gesammte Götterwelt erheben freilich nur,

— ἀοιδῶν εἴπερ οὐ ψευδεῖς λόγοι. —

"Lebten sie nicht in blutschänderischem Umgange? Ihre Väter haben sie ruchlos in Fesseln geschlagen, weil sie aber die Macht haben,

— — οἰκοῦσ' ὅμως
Ὄλυμπον ἠνέσχοντό θ' ἡμαρτηκότες. —

Du als Sterblicher musst Deine Verschuldung gar schwer tragen." Herc. F. 1315 ff. — Das sind die Meinungen des Theseus, der seinen Freund Herakles gebrochen, vernichtet vor sich sieht. Und siehe, eben dieser, den der Hera Zorn so schwer getroffen, wirft sich zum Anwalt der Götter auf, und nachdem er jene Anschuldigungen Punkt für Punkt zurückgewiesen, schliesst er:

ἀοιδῶν οἵδε δύστηνοι λόγοι,

das sind die unseligen Märchen, die die Dichter ersonnen. Herc. F. 1341—46. — Ebenso kommt Iphigenie in ihrem Raisonnement gegen Artemis (s. ob.) zum Schluss, die Sage vom Gastmahl, das Tantalos den Göttern geboten, könne sie nicht für wahr halten; auch in ihrer eigenen Lage stehe es so; die Leute daselbst, (in Tauroi)

— αὐτοὺς ὄντας ἀνθρωποκτόνους
εἰς τὸν (τὴν, Weckl.) θεὸν τὸ φαῦλον ἀναφέρειν. —
οὐδένα γὰρ οἶμαι δαιμόνων εἶναι κακόν. Iph. Taur. 386 ff.

Vgl. dazu Wecklein: „die alten rohen Göttersagen — — konnten einer entwickelteren Sittlichkeit eben so wenig zusagen, wie der rohe Cultus alter Zeit und wilder Völker geeignet war, der höheren Humanität der Hellenen zu gefallen."

Die Götter sollen den Cult gebildeter Völker dem der Barbaren vorziehen; als das Bild der Artemis aus Tauroi entführt werden soll, heisst es, die Göttin solle πόλιν ἔχειν εὐδαίμονα, Iph. Taur. 1187. Vgl. Troad. 26.

Ein Mittel zur grösseren Verehrung der Götter ist die Furcht; viel Unglaubliches sei erfunden worden —

φοβεροὶ δὲ βροτοῖσι μῦθοι | κέρδος πρὸς θεῶν θεραπείας. El. 734;

doch wirken die Götter auch durch allerlei Verwirrung in den menschlichen Angelegenheiten,

— — ὡς ἀγνωσίᾳ σέβωμεν αὐτούς. Hec. 958 ff.

Eine Illustration dazu, wie die λόγοι ἀοιδῶν (δύστηνοι fällt in unserm Falle grossentheils weg) entstanden sind, finden wir in den Bakchen. Wir treffen dort die Aufforderung zu einem „frommen Betrug", καταψεύδου καλῶς. Wenn Dionysos auch selbst kein Gott sein sollte, solle man ihn doch dafür halten, ihn den Sohn der Semele,

— ἵνα δοκῇ θεὸν τεκεῖν,
ἡμῖν τε τιμὴ παντὶ τῷ γένει προσῇ. Bacch. 333. Vgl. das. 26.

Dass der Dichter in den Bakchen gerade, wo er dem

Volksglauben sich so nähert, wo er demselben sogar beredte Worte leiht, zu solchen Dingen greifen muss — (vielleicht wäre das doch nicht absolut nothwendig gewesen, —) zeigt uns zwar auf der einen Seite, wie weit seine ganze Anschauung vom Volksglauben abseits lag, andererseits gewiss aber eben so deutlich die Hinfälligkeit und Schwäche der „guten" Sache, der mit solchen Mitteln geholfen werden musste.

7. Die Mantik. Die Sänger, wie wir vielfach zu sehen Gelegenheit gehabt, haben der Gottheit nicht eben die besten Dienste geleistet; doch auch die bevorzugten Diener der Gottheit, die Seher, sind nicht besser in ihrer Kunst und deren Anwendung einerseits, andererseits in ihrem persönlichen Gebahren.

Euripides wirft durchaus nicht alles, was auf die Mantik Bezug hat, blindlings über Bord. Wir haben gesehen, wie sehr er die Wahrhaftigkeit des Zeus und des Phoibos und die Erfüllung der von ihnen gegebenen Verheissungen oft unter den misslichsten Umständen schützt. Er zieht nur eine Grenzlinie, jenseits welcher die göttliche Inspiration und Mittheilung endet, dafür aber das gewissenlose Spiel einer gewinnsüchtigen Schaar von Gauklern beginnt.

Die Götter lassen die Sterblichen durch den Mund der Seher erfahren, ἃ δ' ἔστ' ἄσημα κοὐ σαφῆ, entweder mittels der Feuer- oder Eingeweide- oder Opferschau. Suppl. 211 ff. (Im Zusammenhang jener Stelle wird die Gottheit dafür gepriesen, das. 201 ff.) Die Lage der Seher, als die von Mittelspersonen, ist in vielen Fällen jedoch nicht beneidenswerth: wenn sie etwas verkünden, das den Fragenden unlieb ist, verderben sie es mit diesen; fühlen sie hingegen Mitleid mit denselben und verkünden nicht streng nach Wahrheit, schädigen sie τὰ τῶν θεῶν· daher sollte Phoibos, da er an keine Rücksicht gebunden, allein Orakel spenden. Phoen. 954 ff.

Wenn ein Spruch sich scheinbar nicht bewahrheitet, — sie gehen freilich alle in Erfüllung, was wohl zu beachten ist — wie wird dann gegen die Seher gedonnert! „Ein Mann, der wenig Wahres, viel Falsches sagt, wie er es eben trifft; wenn er's aber nicht trifft, διοίχεται, (*sic abit, id est, impune hoc illi abit nec commemoratur amplius.* Pflugk-Klotz z. d. St.) Iph. Aul. 956 ff. — Wie schlimm aber ist erst der Gläubige daran, der selbst

οὐκ ἄφρων ὢν μάντεων πεισθεὶς λόγοις
ὄλωλεν ὡς ὄλωλε τοῖσιν εἰδόσιν.

(Die εἰδότες haben freilich während dieser Worte schon von seinem Untergang eine andere Vorstellung.) In solcher Stimmung der Verzweiflung ist's auch begreiflich, dass einer ausruft:

οὐδ' οἱ σοφοί γε δαίμονες κεκλημένοι
πτηνῶν ὀνείρων εἰσὶν ἀψευδέστεροι.

πολὺς ταραγμὸς ἔν τε τοῖς θείοις ἔνι,
κἀν τοῖς βροτείοις. Iph. Taur. 570—575. *)

Man hat über diese und ähnliche Stellen bei Euripides sich vielfach absprechend und aburtheilend geäussert; in diesen Worten aber enthält eben die Schlussandeutung — „dass einer zu Grunde ging, wie er für die Kundigen zu Grunde ging —" eine deutliche Hinweisung darauf, wie kurzsichtig und beschränkt menschliches Urtheil ist, wenn es die dunklen Wege der Vorsehung aufhellen will.

Was sich vielfach sonst Blasphemirendes finden soll, erlaube ich mir mit den Worten Nägelsbach's (I, 36) zu entschuldigen; freilich ist dort Sophokles der Himmelsstürmer; dem kann leichter verziehen werden. „Der Grieche findet es nicht zu krass, wenn der Dichter bei einem Unglücklichen, wie Philoktet, die Anklagen gegen die Götter bis zur Blasphemie steigert." Als Beleg Soph. Phil. 441 (446); dazu Schol. νοσῶν δὲ δυσφημεῖ.

Der Umstand, dass weder Kalchas noch Helenos davon Erwähnung thaten, der ganze Kampf vor Troja drehe sich nicht um die persönliche Helena sondern um ein Schattenbild derselben, führt natürlich zu einer vollständigen Verdammung der Seherkünste. — Man könne vielleicht sagen,

— ὁθούνεχ' ὁ θεὸς οὐκ ἠβούλετο·

das aber zugegeben, wozu nützt denn die ganze Mantik? Unser Dichter — ich weiss nicht ob ein anderer vor ihm — hat da einen Ausweg; er sagt nicht: „werft die Mantik über den Haufen, sie taugt ja doch nichts", — sondern er weiss etwas Besseres an die Stelle der abgelebten Zauberkünste zu setzen: „stellt euch mit den Göttern auf guten Fuss, opfert ihnen und betet um gute Gaben; dann könnt ihr jener Kunst entrathen." —

— — τοῖς θεοῖσι χρὴ
θύοντας αἰτεῖν ἀγαθά, μαντείας δ' ἐᾶν·

da die γνώμη auch eine Gabe der Götter ist, mit der kein Missbrauch getrieben wird, ergibt sich aus dieser Anschauung folgerichtig:

γνώμη δ' ἀρίστη μάντις ἥ τ' εὐβουλία. Hel. 744 ff.

Folgendes sind wohl auch nicht Worte eines ganz unfrommen, götterverachtenden Dichters:

— — τοὺς θεοὺς ἔχων τις ἂν
φίλους ἀρίστην μαντικὴν ἔχοι δόμοις. ib. 759.

---

*) Es gehört wohl nicht hieher, soll aber nur als Massstab des Zulässigen und Erlaubten gelten. Wie können wir uns entsetzen, wenn ein Grieche von seinen Göttern solche Dinge, im Mangel aller Hoffnung, auszusprechen wagt, wir, die wir das Wort des auf Golgatha sterbenden Gottmenschen kennen: Mein Gott, warum hast Du mich verlassen!

Wie oben γνώμη, so wird auch das καλῶς εἰκάζειν für die beste Mantik erklärt:

μάντις δ'ἄριστος ὅστις εἰκάζει καλῶς. Fr. inc. 963.

Wenn wir diese Stellen zusammen betrachten, wird es uns etwas überraschen, dass Nägelsbach (freilich hauptsächlich nur auf die letzte gestützt) behauptet: „womit das natürliche Talent über die Mantik gestellt wird." (VIII, 12.) Ich wollte meinen, Euripides habe da die wahre Frömmigkeit und die wahre Einsicht höher gestellt als den blinden Glauben an eine Sache, deren schändlichen Missbrauch, wenigstens in der Zeit des Euripides, wir bald von Allen werden eingestehen finden.

Nicht gegen die Seher allein, wahrscheinlich auch gegen die verschiedenen nicht minder verrufenen Apostel des Mysterienwesens*) ist folgende Stelle gerichtet:

τί δῆτα θάκοις μαντικοῖς**) ἐνήμενοι
σαφῶς διόμνυσθ᾽ εἰδέναι τὰ δαιμόνων;
οὐ τῶνδε χειρώνακτες ἄνθρωποι λόγων. Philoct. fr. 793.

d. h. Menschen können solche Offenbarung und Lehre nicht geben. — An göttlich inspirirte Propheten glaubte das Volk, wenigstens der bessere Theil desselben, nicht. Nägelsbach IV, 11.

Schlechter noch als nach ihrer Kunst werden die Seher nach ihrer Gemeinnützigkeit und ihrem Charakter angesehen:

τὸ ματικὸν πᾶν σπέρμα φιλότιμον, κακόν,
κοὐδέν γ᾽ ἀρεστὸν οὐδὲ χρήσιμον παρόν. Iph. Aul. 520.

Bei Sophokles finden wir fast genau dieselben Anklagen gegen die Seher, vgl. O. R. 708—24; ib. 964 ff.; Ant. 1160, dazu Schneidewin-Nauck: „τῶν ἐφεστώτων, τῶν μελλόντων." Wenn wir daselbst das alte τῶν καθεστώτων lassen, „die Gegenwart hat keinen Seher", d. i. das, was eingetreten, bedarf keiner Prophezeiung, so hätten wir einen Gedanken vergleichbar mit Euripides Fr. inc. 963. — Vgl. ferner Soph. Ant. 1055, Ai. 1418. —

Wegen dieser Angriffe auf die Seher und ihre Kunst ist Euripides vielfach getadelt worden, meist sehr mit Unrecht; denn erstlich haben wir gesehen, dass er sehr wohl zu scheiden weiss, d. h. die Wahrhaftigkeit der Aussprüche des Zeus und Apollo selbst gegen den Unverstand in Schutz nimmt. Wo wirklich göttliche Einwirkung geglaubt werden konnte, da ist Euripides nicht blos negativ; zum Theil sehen wir noch dieselbe hohe Achtung vor den Orakeln, wie sie bei anderen Dichtern sich zeigt; den alten ehrwürdigen Seher Teiresias behandelt der Dichter auch ganz anders, als die spätere Sippe:

---

*) Vgl. Nägelsbach, VI, 25.
**) ἀρχικοῖς bei Welcker p. 517.

derselbe begegnet uns wie bei Sophokles am meisten „und in vielfach überraschenden Anklängen bei nur geringen anderweitigen Abweichungen von diesem seinem (des Euripides) nächsten Vorgänger". Lübker Theol. 25.

Wie sehr die Mantik und das Prophetenthum der Prediger der verschiedenen Mysterien entartet war, lehrt Nägelsbach, welcher (VIII, 6) schreibt: „Jede Zeit der Bedrängniss und Spannung aber wird auch eine Zeit des Aberglaubens, welchen sich der schlaue und grobe Betrug zu nutze macht."
— — „Die masslos entwickelte Wahrsagerei musste selbst in gläubigen Gemüthern der Weissagung Eintrag thun." (IV, 13.) „War einmal die Mantik — — zum Gewerbe geworden, so musste sie in die Hände von Gesindel fallen, welches vom Aberglauben des Volkes durch schnöde Wahrsagerei Gewinn zog." — Auch bei Lübker Theol. 26 sehen wir, „dass die Seherkunst schon damals so gewaltig im Dienste des Eigennutzes und der Betrügerei gestanden haben muss, dass selbst die gläubigen Anhänger derselben sich müssen zurückgestossen gefühlt haben." —

Das wären nun der Gründe genug; einen letzten und jedenfalls laut sprechenden gibt Prof. Schenkl a. a. O. p. 497 an; dem Treiben der Seher war es gelungen, einen Volksbeschluss durchzusetzen, dass diejenigen, „welche die Staatsreligion anzweifelten oder sich mit metaphysischen Forschungen beschäftigten, bei dem Senat oder Volk angezeigt werden sollten." — Anaxagoras entging nur durch gewagtes Eingreifen des Perikles der gerichtlichen Verfolgung und sehr wahrscheinlichen Verurtheilung. — „Musste nun schon dieses Verfahren den Euripides, der seinem grossen Lehrmeister getreu anhing, gegen die μάντεις und χρησμολόγοι erbittern, so konnten die unheilvollen Umtriebe derselben während des Krieges diese Erbitterung nur steigern." — Man vergleiche daselbst die Schilderung ihres Treibens.

Weil wir gerade bei der Besprechung der Entartung einer ursprünglich für göttlich gehaltenen Einrichtung sind, sei es erlaubt an diese eine Bemerkung über einen ähnlichen Fall anzuschliessen. Ich meine das Asylrecht und die Handhabung desselben. Euripides erhebt zweimal Protest dagegen:

— — τοὺς νόμους ὡς οὐ καλῶς
ἔθηκεν ὁ θεός οὐδ' ἀπὸ γνώμης σοφῆς·
τοὺς μὲν γὰρ ἀδίκους βωμὸν οὐχ ἵζειν ἐχρῆν,
ἀλλ' ἐξελαύνειν· οὐδὲ γὰρ ψαύειν καλὸν
θεῶν πονηρὰν χεῖρα, τοῖσι δ' ἐνδίκοις
ἱερὰ καθίζειν ὅστις ἠδικεῖτ', ἐχρῆν. Jon 1312.

Auch hier spricht der frommgläubige Jon: er kann sich mit dem Gedanken nicht befreunden, dass jeder Verworfene zur Gottheit flüchten könne, um straflos zu bleiben; die Gottheit solle ihn weder schützen, noch solle sie durch Schlechtigkeit der Schutzflehenden entweiht werden.*) — Gegen Euripides lassen sich da höchstens Bedenken der praktischen Durchführbarkeit jener Forderung vorbringen, wann man sich nicht entschliesst, einzig und allein dem Fortbestand einer Einrichtung der guten alten Zeit, trotz des schreienden Missbrauches, das Wort zu reden.

Die zweite Stelle steht Fr. inc. 1036.

ἐγὼ γὰρ ὅστις μὴ δίκαιος ὢν ἀνὴρ
βωμὸν προσίζει, τὸν νόμον χαίρειν ἐῶν
πρὸς τὴν δίκην ἄγοιμ᾽ ἂν οὐ τρέσας θεούς·
κακὸν γὰρ ἄνδρα χρὴ κακῶς πάσχειν ἀεί. —

Der letzte Vers fehlt bei Welcker (p. 682), welcher die Stelle den Kreterinnen zutheilt in dem Zusammenhang, dass „Atreus drohen würde, den Thyest vom Altar weg zur Strafe zu ziehen."**)

II. Capitel.

Die moralische Weltordnung.

1. Walten der Gerechtigkeit.

Wie die Erhalter***) der physischen Welt, so sind die Götter auch die Erhalter und Beförderer der moralischen Weltordnung; und zwar ist der Glaube an das Dasein der Götter mit dem Walten dieser letzteren innig verknüpft.

— χρὴ μηκέθ᾽ ἡγεῖσθαι θεούς,
εἰ τἄδικ᾽ ἔσται τῆς δίκης ὑπέρτερα. El. 583.

Oft wird gefragt, wie der Glaube an Götter mit gewissen Vorfällen vereinbar sei. Fr. inc. 893. Wohin kommt es, wenn Götter ungerecht sind? Jon 252. Wohin kommt Scham und Tugend, wenn die Gottlosigkeit in Macht steht, die Tugend von den Menschen hintangestellt wird —

καὶ μὴ κοινὸς ἀγὼν βροτοῖς, | μή τις θεῶν φθόνος ἔλθῃ. Iph. Aul. 1096.

Wir haben auch gesehen die Zeugnisse für das Bestehen der Gerechtigkeit der Götter. Die Gerechtigkeit ist stark, Dict. fr. 338. Wo die Götter nicht selbst persönlich ein-

---

*) Dazu Nägelsbach (VIII, 9): „Auch hinsichtlich des Asylrechtes, welches für eine göttliche Einrichtung gilt, weiss der Jüngling Jon die Götter zu hofmeistern."

**) Die conservativen Spartaner hatten sich schon früher in einem solchen Falle zu helfen gewusst. Sie schleppten den Pausanias zwar nicht mit Gewalt vom Altare weg, machten ihm aber das Sterben daselbst möglichst leicht. Nep. Paus. V.

***) Nicht auch Schöpfer der Welt, am allerwenigsten in der Auffassung monotheistischer Religionen. Vgl. Nägelsbach I, 45. Die Euripideischen Anschauungen von der Entstehung der physischen Welt siehe bei Spengler p. 2 f.

greifen, da waltet ihre Dienerin, die Vollstreckerin ihrer Urtheile, Dike. Die Tochter des Zeus wird sie genannt, und nahe wohnt sie den Sünden der Sterblichen:

τήν τοι Δίκην λέγουσι παῖδ' εἶναι Διός
ἐγγύς τε ναίειν τῆς βροτῶν ἁμαρτίας. Andromeda fr. 150. Vgl. Antiop. fr. 223, wo sie als Kind der Zeit erscheint und zeigt, wer von uns endlich ohne Fehl und Verschuldung bleibt.*) Es ist das offenbar der Gedanke, dass die Zeit, also auch deren Kind Dike, alles ans Licht bringt.

Die Gerechtigkeit muss nicht nur sicher kommen; in den meisten Fällen kommt sie auch schneller, als der Uebelthäter erwartet. — Eine Zeit lang kann der Frevler triumphiren, denn die Gottheit —

μέλλει· τὸ θεῖον δ' ἐστὶ τοιοῦτον φύσει. Or. 420.

Vgl. Jon 1614. — Das langsame, aber sichere Nahen derselben wird vielfach betont und anschaulich geschildert:

ὁρμᾶται μόλις, ἀλλ' ὅμως | πιστόν τό γε θεῶν | σθένος · Bacch. 882.

Sie züchtigen den Ungerechten und Gottesverächter; verstohlen schleicht das Gericht an ihn heran:

κρυπτεύουσι δὲ ποικίλως | δαρὸν χρόνου πόδα καὶ | θηρῶσιν τὸν ἄσεστον. ib. 888.

Ein Räuber und Tempelschänder muss daher zu Grunde gehen; Rhes. 516. Des schlechten Mannes Glück darf man nicht für dauernd halten, Beller. fr. 305.

Es wird eher, da der Gerechtigkeit Genüge geschehen muss, ein Unschuldiger mit dem Schuldigen in's Verderben gestürzt, als dass ein Frevler leer ausginge. So Phaidra und Hippolyt. So müssen oft die Kinder für die Eltern büssen:

τὰ τῶν τεκόντων σφάλματ' εἰς τοὺς ἐκγόνους
οἱ θεοὶ τρέπουσιν. Fr. inc. 970. vgl. Alcmeon fr. 83.

Dagegen erhebt sich begreiflicherweise manches Bedenken; doch ist der Gedanke, dass „die Sünden der Väter an den Kindern heimgesucht werden" nicht nur dem griechischen Volksglauben eigen.

Euripides hat oben Dike die Tochter des Zeus genannt; wo sie daher w... .., ist keineswegs die übernatürliche Strafgerechtigkeit desselben ausgeschlossen. „Glaubt ihr, dass alle Ungerechtigkeiten zu den Göttern auf Flügeln emporschweben, dass sie dort in des Zeus Schuldbuch eingetragen werden, und dass Zeus dann jedem seine Strafe schickt? — Der ganze Himmel würde nicht ausreichen, Alles aufzuschreiben, und Zeus nicht Zeit finden zuzusehen und jedem seinen Lohn zu schicken;

---

*) Auf welche Argumentation gestützt Pohle p. 8 schreibt: „*Kronos poëtae idem esse videtur atque Jupiter*" ist mir nicht klar geworden. Schreibt er ja doch selbst an der Stelle Χρόνου und nicht Κρόνου.

— — ἀλλ' ἡ Δίκη
ἐνταῦθά πού'στιν ἐγγύς, εἰ βούλεσθ' ὁρᾶν." — Melan. fr. 508.

Nägelsbach bemerkt dazu VIII, 11: „Ein Bild des Aischylos scheint sie zur Läugnung jeder übernatürlichen Strafgerechtigkeit der Götter zu verführen." — Das Bild haben wir bei Aesch. Eumen. 269: „Du wirst sehen, wenn Jemand — sich versündigt, indem er entweder einen Gott oder einen Gastfreund oder die theuern Eltern gottlosen Sinnes vernachlässigt, dass ein jeder solche seine gerechte Strafe findet:

μέγας γὰρ Ἅιδης ἐστὶν εὔθυνος βροτῶν
ἔνερθε χθονός, δελτογράφῳ δὲ πάντ' ἐπωπᾷ φρενί.

Wenn nun eine Polemik gegen diese Stelle vorliegen soll, möchte ich schon den Streitpunkt wo anders suchen, als wo ihn Nägelsbach vermuthet. Es kommt Hades vor; das ἔνερθε χθονός mochte manche verführen zu glauben, die Strafe würde sie erst nach dem Tode treffen, wenn sie selbst einmal ἔνερθε χθονός wären; indessen aber könnten sie frisch darauf lossündigen. Dagegen kehrt sich Euripides und sagt: „Es geht nicht so umständlich her, es muss nicht erst Alles verbucht werden; ihr braucht auch nicht bis auf jenen Tag zu warten: Dike lauert schon da irgendwo ganz in der Nähe." — Dieselbe Auffassung kehrt oft wieder:

δοκεῖς — —
— τὴν δίκην που μάκρ' ἀπῳκίσθαι βροτῶν·
ἣ δ' ἐγγύς ἐστιν, οὐχ ὁρωμένη δ' ὁρᾷ
ὃν χρὴ κολάζειν τ' οἶδεν· ἀλλ' οὐκ οἶσθα σὺ
ὁπόταν ἄφνω μολοῦσα*) διολέσῃ κακούς. Archel. fr. 257.

Ὑποπεσοῦσ' ἔλαθεν, wie sie naht und den Gottlosen ergreift. Antiop. fr. 224.

οὗτοι προσελθοῦσ' ἡ δίκη σε — —
παίσει πρὸς ἧπαρ. — —
— — ἀλλὰ σῖγα καὶ βραδεῖ ποδὶ
στείχουσα μάρψει τοὺς κακούς, ὅταν τύχῃ. Fr. inc. 969.

Die Zeit ist regelmässig ihre Genossin: Oed. fr. 559. Diese enthüllt auch selbst, ohne dass sie gefragt würde, die Geheimnisse; Aeol. fr. 38, vgl. Alex. fr. 61.

Bei dem oft langsamen Gang der Gerechtigkeit bricht leicht einer, der derselben zu seiner Rechtfertigung und Rettung bedarf, in Klagen aus oder kommt auch selbst zur Läugnung**) der Gerechtigkeit: Dike sehe nicht die Uebelthäter und strafe nicht der Menschen Thorheiten. Phoen. 1726.

Der Glaube an den Bestand der Gerechtigkeit und der Wahrheit kommt in's Wanken, wenn beide gegen uns gekehrt

---

*) Nauck μολοῦσαι, offenbar Druckfehler.
**) Damit läugnet aber Euripides nicht die Gerechtigkeit.

sind; so fragt Teiresias den Kreon, der ihm früher unbedingt vertraut hatte:

ἀπόλωλεν ἀλήθει', ἐπεὶ σὺ δυστυχεῖς; Phoen. 922.

2. Vergeltung in einzelnen Fällen.

Das allgemeine Gesetz der Vergeltung ist:
— — προσδόκα δὲ δρῶν κακῶς
κακόν τι πράξειν. Herc. F. 727.
Vgl. Andr. 742 f. — Des Aigisthos schreckliche That fand ein schreckliches Ende. El. 957. —

Δίκα δίκαν ἐκάλεσε καὶ φόνος | φόνον, κακῶν δ' ἀναψυχὰς | θεοὶ βροτοῖς νέμουσιν | ἁπάντων τέρμ' ἔχοντες αὐτοί. Suppl. 614.

Obwohl es natürlich ist und für weise gilt, τοὺς παθόντας ἀντιδρᾶν (Andr. 438, vgl. Heracl. 881, 939, Hec. 902, 1250, 1253, Or. 413, Fr. inc. 1075), so kann doch nicht in ewig fortlaufender Kette eine That, namentlich ein Mord durch einen andern vergolten werden; die Väter haben es so eingesetzt, dass ein Mörder nicht zwar straflos ausgehen und in der Bürgerschaft verweilen sollte; er muss fliehen, nicht aber den Tod erleiden; sonst

ἀεὶ γὰρ εἰς ἔμελλεν ἕξεσθαι φόνου
τὸ λοίσθιον μίασμα λαμβάνων χεροῖν. Or. 512 ff.

Kein Ungerechter ist noch glücklich geworden, die Gerechtigkeit bringt Rettung. Hel. 1030. Vgl. Erechth. fr. 355. Auf einen schlechten Anfang folgt ein schlechtes Ende. Aeol. fr. 32, Archel. fr. 266.

Der Fluch, mit dem belastet irgend ein Geschlecht in die Welt eingetreten, erbt sich in der Familie fort:

ὅταν δὲ κρηπὶς μὴ καταβληθῇ γένους
ὀρθῶς, ἀνάγκη δυστυχεῖν τοὺς ἐκγόνους. Herc. F. 1261.

Man denke an Oedipus und dessen Kinder, an die Pelopiden u. A.

Manchmal sind die Bösen glücklicher als die Edlen, Hel. 1213, sonst werden die εὐγενεῖς von den Göttern weniger heimgesucht als die „ἀνάριθμητοι". Hel. 1678.

Eine schimpfliche That findet keine Entschuldigung; (hier und bei den Barbaren)

κἀκεῖ τά γ' αἰσχρὰ κἀνθάδ' αἰσχύνην ἔχει. Andr. 244. Was böse ist wird nie gut. Phoen. 814. — „Zu schlimmer That schön reden ist nicht gut, das heisst Gerechtigkeit und Tugend höhnen." Phoen. 526. — Gegen die Schadenfreude, die sonst wie die Rache als ganz natürlich betrachtet wird, wendet sich wohl einer, der darunter leidet. Bacch. 1039.

Aber nicht θράσος ist's, nicht εὐτολμία, sondern

ἡ μεγίστη τῶν ἐν ἀνθρώποις νόσων

ἀναίδεια —, den Freunden zu schaden und ihnen dann

die Stirn zu bieten. Med. 469. Nicht minder schlimm, als wenn ein Bösewicht für einen Tugendhelden gelten soll, erträgt es sich, ohne Verschulden für ruchlos gehalten zu werden. Hel. 270.

Das Unglück der Edlen wird von den andern mit Recht schwer mitempfunden, Alc. 109 ff.; denn auch sie sind nicht gegen das Unglück gefeit, wie leider überhaupt

οὐδεὶς — θνητῶν ταῖς τύχαις ἀκήρατος. Herc. F. 1314.

III. Capitel.
Der Mensch und das Schicksal.
1. Wesen und Macht des Schicksals.

Wenn die Götter auch nicht Götter „der Liebe" sind, sie sind doch nicht fühllos, ganz theilnamslos den Sterblichen gegenüber; sie lieben doch einzelne, im allgemeinen die ihre Huld zu verdienen suchen; auch sind sie nicht unversöhnlich, wenn auch nicht allgemein sühnbar; und doch lastet ihre Hand oft schwer genug auf den Sterblichen. Diese stehen aber unter dem Joch einer noch stärkeren, starreren und einer ganz unnahbaren Macht, einer vielnamigen, vielgewaltigen, Μοῖρα geheissen, Ἀνάγκη, Δαίμων, Τύχη, Χρεών, Εἱμαρμένη, Πεπρωμένον.*)

Lübker Theol. p. 27 sagt, der Mensch fühle seine Abhängigkeit von äusseren, starken, verborgenen Mächten und sehe sich in eine so bunte Verkettung der mannigfachsten Umstände verflochten, dass er nothwendig an ein geheimes Schicksal, ein dunkles Verhängniss glauben müsse. — Die „umfassendste, aber zugleich am wenigsten persönlich gedachte Macht liegt in der Ἀνάγκη, ihre unbestimmteste, aber am persönlichsten vorgestellte und von dem allgemeinen Begriff eines göttlichen Wesens am wenigsten geschiedene in dem δαίμων; μοῖρα und πεπρωμένον bezeichnen mehr die einzelnen Erscheinungen und Ausbrüche ihrer Macht." — Die τύχη bleibt dabei unberücksichtigt. Sie ist ursprünglich ein Bild der wechsel-

---

*) Die verschiedenen Begebenheiten und Vorkommnisse des menschlichen Lebens werden auf folgende Factoren zurückgeführt: τῶν ὅσα οἱ ἄνθρωποι εὔχονται γενέσθαι — τὰ μὲν ἡ πρόνοια ἐφορᾷ, τὰ δὲ εἱμαρμένη καταναγκάζει, τὰ δὲ μεταβάλλει ἡ τύχη, τὰ δὲ οἰκονομεῖ ἡ τέχνη. καὶ ἡ μὲν πρόνοια θεοῦ ἔργον, ἡ δὲ εἱμαρμένη ἀνάγκης, ἡ δὲ τέχνη ἀνθρώπου, ἡ δὲ τύχη τοῦ αὐτομάτου. *Maxim. Tyr. diss.* XI. 4. bei Nägelsbach p. 480. Was hier von πρόνοια gesagt wird, entspricht nicht vollständig einer „göttlichen Vorsehung". Der Begriff derselben konnte sich nicht vollständig wegen der Natur der Götter entwickeln. Vgl. Nägelsbach I, 44 und 58. — ἀνάγκη und τύχη werden gewöhnlich nicht so scharf geschieden; oft sind sie gleichbedeutend; τύχη ist eine von den Moiren, mächtiger als die Schwestern, eine Tochter des Zeus. Nägelsbach III, 9. Vgl. auch die vorhergegangenen Paragraphen.

vollen irdischen Begebnisse, diese für sich und ohne Zurückführung auf göttliche Urheber betrachtet." Nägelsbach III, 9. — Ueber die Natur des Daimon wurde schon oben gehandelt zu Hel. 1237. Er wird in der Personification nicht nur zum Schicksal ganz allgemein, sondern zum eigenen guten oder bösen Genius des Menschen.*)

Durch das Fatum werden auch die Götter in Schranken gehalten. Die Obmacht desselben selbst über die Götterwelt erklärt sich natürlich daraus, dass dieses absolut, unpersönlich gedacht wird, während die Götter beides nicht sind. Es besteht daher fortwährend das Streben, diese unfassbare Macht fassbar zu gestalten; eine gewisse sittliche Empfindung machte das Unwürdige dieser Stellung des Menschen fühlbar; man ertrug es schwer, einer solchen nicht persönlichen, daher nicht moralischen Macht untergeordnet zu sein. Da war das Verhältniss zu den Göttern, wie diese auch immer waren, doch ein anderes. Je mehr daher die Macht der Götter, d. h. der Glaube an dieselbe stieg, desto mehr musste die Macht des Verhängnisses sinken, bis es schliesslich personificirt ein ganz anderes Gepräge bekam.**) Bei Euripides haben wir schon statt der einen Μοῖρα mehrere μοῖραι; diese sitzen am Throne des Zeus (Pel. fr. 623, ὦ Μοῖραι Διός; wie bei Soph. O. C. 1268 die Αἰδώς); sie sind wie Δίκη zu Dienerinnen des Zeus geworden; damit ist aber auch der erste Schritt geschehen, die **Schicksalsfügungen in göttliche Fügungen** zu verwandeln. Vgl. Nägelsbach III, 1, ff.

Das Streben des Euripides, das Schicksal persönlich zu gestalten, das heisst es zu einer moralischen, intelligenten Macht zu machen, steht vollkommen im Einklang mit seinen andern Bestrebungen dem Begriff der Gottheit die Merkmale der Gerechtigkeit und Heiligkeit zu vindiciren.

Wie die Götter, so wird auch oft das Schicksal mit mehreren Namen gerufen. So ruft Agamemnon, nachdem er durch sein falsches Spiel mit der Verlobung der Tochter an Achilleus dieser und der Gattin gegenüber in die grösste Verlegenheit und Rathlosigkeit gerathen:

ὦ πότνια μοῖρα καὶ τύχη δαίμων τ' ἐμός. Iph. Aul. 1136.

Hier ist wohl μοῖρα das vorherbestimmte Geschick, τύχη der eben eingetretene verrätherische Zufall, δαίμων aber des Agamemnon eigener Unstern, der durch jene beiden erst recht fühlbar wird. Dass wir nur verschiedene Aeusserungen eines und desselben Dings vor uns haben, ergibt sich aus den Worten der Klytaimnestra im folgenden Vers:

---

*) Lübker, Sophokl. Theol. I. p. 15 bei Nägelsbach II, 10. Vgl. auch Spengler p. 15.

**) Den umgekehrten Gang finden wir später; mit dem Verfall des Gottesbewusstseins erstand das Fatum zu neuer, alles beherrschender Macht. Man denke an den düsteren Fatalismus z. B. der späteren römischen Kaiserzeit.

κἀμός γε καὶ τῆσδ' εἰς τριῶν δυσδαιμόνων. 1137.

Man merkt den Druck, unter dem der Dichter selbst zu stehen meint, dem er aber gern sich entziehen möchte, wenn er ausruft (im Chor Alc. 965 ff.):

κρεῖσσον οὐδὲν Ἀνάγκας | εὗρον, wie viel ich mich auch zu hohen und himmlischen Dingen forschend emporgeschwungen; gegen dieselbe gibt es kein φάρμακον, weder in den weisen orphischen Sprüchen noch in den Mitteln, welche Phoibos den Asklepiossöhnen verliehen. „Sie allein von den Göttern beut sich weder im Bildniss noch Altar, achtet der Opfer nicht. — Selbst Zeus, was immer er zuwinkt, mit Dir führt er's zu Ende. — Kein Erbarmen in Deinem starrsinnigen schroffen Wollen!" (Hartung.) — Nichts ist stärker als sie; selbst über die Götter herrscht sie. Iph. Taur. 1486. Ἀνάγκη heisst die Unbeugsame, Starre. Hec. 1295. — Man kann nicht aussprechen, wie schwer ihr Joch drückt. Licymn. fr. 478. Ihr gegenüber ist alles kraftlos.

πρὸς τὴν ἀνάγκην πάντα τἄλλ' ἐστ' ἀσθενῆ. Beller. fr. 301, keine Freiheit behauptet sich ihr gegenüber, Or. 488.

τὸ — χρεὼν μεῖζον ἢ τὸ μὴ χρεών, Temenid fr. 733; es gibt keine Abwehr:

οὐκ ἔστι μοίρας τοῦ χρεών τ' ἀπαλλαγή. Hipp. 1256. Vgl. Hipp. V. fr. 447; auch die Weisheit bietet kein Mittel sie zu beseitigen. Heracl. 615.

Da wird denn die Noth zur Tugend: οἰστέον δὲ τὴν τύχην, Jon 1260, wenn es auch noch so bejammernswerth, Or. 1023, Phoen. 382; der Sterbliche kann dem Willen der Götter gegenüber sich nicht sträuben, Phoen. 1762. Das Los muss ertragen werden, ob wir nur in einer Beziehung, oder ob wir durchaus unglücklich sind, Hel. 267. Iph. Taur. 620, Troad. 102.

Daher ist's besser, weise sogar, wenn man die schwere Noth nicht noch verstärkt. Med. 1018.

ῥᾷον δὲ νόσον μετά θ' ἡσυχίας | καὶ γενναίου λήματος οἴσεις· | μοχθεῖν δὲ βροτοῖσιν ἀνάγκη. Hipp. 205. vgl. Hel. 252. — Wer der Nothwendigkeit sich fügt,

σοφὸς παρ' ἡμῖν καὶ τὰ θεῖ' ἐπίσταται. Fr. inc. 956.

Wir haben hier die göttliche Fügung in dem Walten der ἀνάγκη. — Die Weisheit der geduldigen Ergebung finden wir betont Aeol. fr. 37, Alex. fr. 47, Melan. fr. 507, Alcmene fr. 99. Der hohe Werth derselben wird gepriesen Oenom. fr. 576.

ἕν ἐστι πάντων πρῶτον εἰδέναι τουτί,
φέρειν τὰ συμπίπτοντα μὴ παλιγκότως·
χοὖτός γ' ἀνὴρ ἄριστος αἵ τε συμφοραὶ
ἧσσον δάκνουσιν. ἀλλὰ ταῦτα γὰρ λέγειν
ἐπιστάμεσθα, δρᾶν δ' ἀμηχάνως ἔχει. Vgl. Beller. fr. 289.

Zu tragen gibt es genug; doch ist dafür auch gesorgt, dass wir gehörig tragen können.

οὐκ ἔστιν οὐδὲν δεινὸν ὧδ' εἰπεῖν ἔπος,
οὐδὲ πάθος οὐδὲ συμφορὰ θεήλατος,
ἧς οὐκ ἂν ἄραιτ' ἄχθος ἀνθρώπου φύσις. Or. 1.

Im Uebrigen sind uns unsere Grenzen eng genug gezogen und unsere Stärke besteht mehr im Tragen und Leiden als im Thun.

οὐκ ἂν δύναιο τοῦ πεπρωμένου πλέον. Rhes. 634, Jon 1388.

Doch brauchen wir auch nichts zu erleiden, was uns nicht bestimmt ist. Bacch. 515.

Bei der Macht der Nothwendigkeit muss Widerstand thöricht erscheinen, Herc. F. 282; das Beginnen kann wohl von Muth zeigen, wodurch auch nicht viel geändert wird; denn was sein muss, wird Niemand hintertreiben; ib. 303. Zum würdigen Tragen des Unglückes freilich ist Starkmuth ein mächtiger Helfer, Beller. fr. 304.

2. Allgemeines Los der Sterblichen.

Dasselbe ist in folgenden Worten ausgesprochen und motivirt:

δεῖ δέ σε χαίρειν καὶ λυπεῖσθαι | θνητὸς γὰρ ἔφυς· κἂν μὴ σὺ θέλῃς. | τὰ τῶν θεῶν οὕτω βουλόμεν' ἔσται. Iph. Aul. 31.

Dass du Mensch bist, macht, dass du leiden musst:

ὁ βίος γὰρ ὄνομ' ἔχει πόνος γεγώς. Fr. inc. 957.

Wer kann sich dann wundern, dass ein Sterblicher unglücklich ist? Protes. fr. 653. Wer ungetrübtes Glück hofft, ist ein Thor, Thyest. fr. 396. Wer kann als Mensch hoffen das Leben der Götter zu haben? Fr. inc. 1060. — Allgemeines dauerndes Glück gibt es nicht.

θνητῶν δ' ὄλβιος εἰς τέλος οὐδεὶς | οὔτ' εὐδαίμων· | οὔπω γὰρ ἔφυ τις ἄλυπος. Iph. Aul. 161, Alex. fr. 46, Stheneb. fr. 662.

Der Trostgründe in diesem menschlichen Elend finden wir mehrere:

ἔχει λόγον καὶ τοῦτο· τῶν πολλῶν βροτῶν
δεῖ τοὺς μὲν εἶναι δυστυχεῖς, τοὺς δ' εὐτυχεῖς. Antiop. fr. 207.

Weniger trüb klingt der Hinweis auf die physische Nothwendigkeit: Glück und Unglück, Leben und Tod gehen den natürlichen Gang; sie haben ihren Kreislauf:

κύκλος γὰρ αὐτὸς καρπίμοις τε γῆς φυτοῖς
θνητῶν τε γενεᾷ· τοῖς μὲν αὔξεται βίος,
τῶν δὲ φθίνει τε καὶ θερίζεται πάλιν. Ino fr. 419.

Im Allgemeinen denselben Gedanken in Hypsipyle fr. 757: (Amphiaraus spricht zur unglücklichen Mutter, Welcker p. 588.)

ἔφυ μὲν οὐδεὶς ὅστις οὐ πονεῖ βροτῶν.

θάπτει τε τέκνα χάτερα κτᾶται νέα,
αὐτός τε θνήσκει. — Da jammern dann die Menschen, wenn sie die Erde der Erde zurückgeben;
— — ἀναγκαίως δ' ἔχει
βίον θερίζειν ὥστε κάρπιμον στάχυν.

δεινὸν γὰρ οὐδὲν τῶν ἀναγκαίων βροτοῖς.*)

Aus dieser allgemeinen Unsicherheit des Glückes und der Gewissheit eines baldigen Wechsels ergibt sich für den gewöhnlichen Menschen die Lehre: Geniesse was zu geniessen ist, so lang es noch in deiner Macht steht:

— — μικρὰ μὲν τὰ τοῦ βίου·
τοῦτον δ' ὅπως ἥδιστα διαπεράσετε,
ἐξ ἡμέρας εἰς νύκτα μὴ λυπούμενοι,
ὡς ἐλπίδας μὲν ὁ χρόνος οὐκ ἐπίσταται
σώζειν, τὸ δ' αὑτοῦ σπουδάζων διέπτατο. Herc. F. 503.

Aehnliche Lehren hören wir Alc. 782 ff. aus dem Munde des Herakles. Vgl. auch Antiop. fr. 196.

Es hiesse nun die Sache gänzlich verkennen, wenn man aus ähnlichen Reden und Aufforderungen das Leben zu geniessen, auf eine heitere, ungetrübte Auffassung der Lebensverhältnisse schliessen wollte. Man darf eben nicht übersehen, dass aus der **allgemeinen Trostlosigkeit** das Bestreben entsteht, wenigstens einige lichte Augenblicke zu verleben; wir haben da keinen heiteren ruhigen Genuss; es ist die Sucht, sich zu betäuben, um so das Elend, das aus allen Ecken uns entgegen grinst, nicht zu sehen. Diese trübe Auffassung finden wir nicht bei Euripides allein; ich möchte nur mit einem Wort auf den Venusinischen Sänger hingewiesen haben. „In der That finden die Alten nicht Worte genug, um die Hinfälligkeit und Nichtigkeit des menschlichen Wesens und Lebens zu schildern. Dass eine durchweg heitere Lebensanschauung das griechische Volk in seinem Innersten durchdrungen habe, ist eine sehr oft ausgesprochene, historisch aber **nichts weniger als beglaubigte Vorstellung.**" Nägelsbach, V, 22. Die Schiller'schen „Götter Griechenlands" und deren schöne Welt liegen wohl in einer alten, gar sehr vorhistorischen Zeit.

3. Glück und Unglück.

Worin besteht es denn nun, das Glück, das so viel gesuchte und viel gepriesene?

χαίρειν δ' ὅστις δύναται | καὶ ξυντυχίᾳ μή τινι κάμνει, | θνητῶν εὐδαίμονα πράσσει. El. 1357.

---

*) Die ἀναγκαῖα sind hier nicht die Schickungen der Ἀνάγκη als des Schicksals, sondern die aus der sterblichen menschlichen Natur nothwendig sich ergebenden Leiden.

τὰ θνητὰ — ἡγοῦμαι σκιάν. —
θνητῶν γὰρ οὐδείς ἐστιν εὐδαίμων ἀνήρ·
ὄλβου δ' ἐπιρρυέντος εὐτυχέστερος
ἄλλου γένοιτ' ἂν ἄλλος, εὐδαίμων δ' ἂν οὔ. Med. 1224.
Hier liegt ein starker Nachdruck in dem εὐδαίμων und εὐτυχής, „beatus und fortunatus".
τὸν ὄλβον οὐδὲν οὐδαμοῦ κρίνω βροτοῖς,
ὅν γ' ἐξαλείφει ῥᾷον ῥᾷον ἢ γραφὴν θεός. Pel. fr. 621.
Wem mehr Gutes als Schlimmes widerfährt, der ist glücklich zu preisen. Hipp. 471. — Oft wird das Glück negativ gefasst als das Freibleiben von Unglück. Hec. 627. Bacch. 904 ff.
— Und wie ungleich ist die Vertheilung!
πολλαί γε πολλοῖς εἰσὶ συμφοραὶ βροτοῖς,
μορφαὶ δὲ διαφέρουσιν· ἐν δ' ἂν εὐτυχὲς
μόλις ποτ' ἐξεύροι τις ἀνθρώπων βίῳ. — Jon 381.

Das Leben und Schicksal der Menschen ist πολυπλάνητος Hipp. 1107 und ἀστάθμητος Or. 981. — Die Klagen über Unsicherheit und Unbeständigkeit der menschlichen Angelegenheiten sind übrigens aller Welt gemein; ich werde daher nur die Hauptstellen notiren, um niemanden zu sehr zu ermüden: Die Götter lassen unser Glück nicht ewig dauern, da sie auch nicht immer demselben Menschen günstig zu sein lieben, Fr. inc. 1058, — oder um uns zu eifrigerer Verehrung anzutreiben, Hec. 956.

Natürlicher Ursachen der Unbeständigkeit des Glückes gibt es die Menge: Or. 340, Herc. F. 511, Hec. 283, Troad. 1203, Jon 969, Suppl. 269, 550, Jon 1504, Hel. 712, Rhes. 332, Suppl. 331, Meleagr. fr. 540. — Der Kreislauf der menschlichen Schicksale Ino fr. 419, Hypsip. fr. 757.

Das Schicksal stürzt nicht nur, es hebt auch manchen empor: Heracl. 608 ff., Troad. 612, Archel. fr. 264, Ino fr. 424.

Der Wechsel ist wenigstens dem Unglücklichen erwünscht, der nichts verlieren, der nur gewinnen kann: Or. 234, Herc. F. 93. — Die eigene Vorstellung von unserer Lage trägt viel dazu bei, ob wir unser Los schwer empfinden oder nicht. Or. 236, 314. — Das Glück wird oft zur Quelle des Unglückes, indem es verführt, Oen. fr. 568. Stärkung und Trost gewähren die Hoffnungen, die aber leider so oft trügerisch sind!

μυρίαι δὲ μυρίοισιν | ἔτ' εἴσ' ἐλπίδες· αἱ μὲν | τελευτῶσιν ἐν ὄλβῳ |
βροτοῖς, αἱ δ' ἀπέβησαν. Bacch. 907, Aug. fr. 273, Protes. fr. 652. Fr. inc. 908. — Oed. fr. 554.

Von dem einen Extrem, alles für möglich zu halten, (Jon 1510) zu dem andern, alle Hoffnung von sich zu stossen, (Hec. 820) gibt es kaum einen Uebergang wegen der gänzlichen Unsicherheit.

Von der Zukunft wissen wir nichts, Or. 478, höchstens Eines, was aber unverrückbar feststeht:

χρὴ δ' οὔποτ' εἰπεῖν οὐδέν ὄλβιον βροτῶν,
πρὶν ἂν θανόντος τὴν τελευταίαν ἴδῃς,
ὅπως περάσας ἡμέραν ἥξει κάτω. Andr. 100, Troad. 509,
Aeg. fr. 10, El. 954, Heracl. 865.

So spärlich und wesenlos im Ganzen das Glück ist, so häufig und schwer fühlbar lastet das Unglück auf dem ganzen Geschlechte; es quillt immer wieder aus dem ewig fliessenden Born, den der Götter Feindschaft, das Verhängniss und der Menschen Sünden und Thorheiten nicht versiegen lassen.

ἰὼ ἰώ, πανδάκρυτ' ἐφαμερίων ἔθνη, πολύπονα. Or. 976.
πᾶς δ' ὀδυνηρὸς βίος ἀνθρώπων | κοὐκ ἔστι πόνων ἀνάπαυσις.
Hipp. 189, Andr. 851, Iph. Aul. 1330, Antiop. fr. 203, 210, Aug. fr. 275. Je grösser das Unglück, desto wahrscheinlicher ist auch ein Umschlag unserer Lage, Iph. Taur. 721; das Unglück verbraucht gleich dem Sturme im wilden Toben seine Macht:

κάμνουσι γάρ τοι καὶ βροτῶν αἱ συμφοραί,
καὶ πνεύματ' ἀνέμων οὐκ ἀεὶ ῥώμην ἔχει. Herc. F. 101.

Das leidige *socios habuisse malorum* muss auch zum Trostgrunde werden, Dict. fr. 336, Ino fr. 422; eine noch sonderbarere Beruhigung wird darin gefunden, dass man an Leiden schon gewöhnt ist durch vorhergegangene Unglücksfälle; wer aus glücklicher Lage tief fällt, der bäumt und sträubt sich, wie ein junges Ross, das zum erstenmal den Zügel am Nacken fühlt: Phrix. fr. 818, Hec. 375, Iph. Taur. 1118, Herc. F. 1291.

Und doch liebt der Mensch das Leben! dafür haben wir unzählige Beweise:
Or. 1034, 1509, Alc. 301, 692, 722, Iph. Aul. 1218, 1250. Melan. fr. 537. Ist ja doch das verlorene Leben unwiederbringlich dahin! Suppl. 775. — Warum der Mensch bei allem Elend des Lebens dieses Leben doch so liebt, wird aus zwei Ursachen erklärt:

οὐ ταὐτόν, ὦ παῖ, τῷ βλέπειν τὸ κατθανεῖν·
τὸ μὲν γὰρ οὐδέν, τῷ δ' ἔνεισιν ἐλπίδες. Troad. 632;
τὸ ζῆν γὰρ ἴσμεν, τοῦ θανεῖν δ' ἀπειρίᾳ
πᾶς τις φοβεῖται φῶς λιπεῖν τόδ' ἡλίου. Phoen. fr. 813, 10. —

4. Das Ende, der Tod.

Was die „letzten Dinge" anbelangt, so theilt Euripides die Zweifel und Widersprüche des Volksglaubens. Wir müssen uns an dieser Stelle auf Andeutungen beschränken.

Allen Menschen
ἥδε | ψῆφος κέκρανται κατθανεῖν δ' ὀφείλεται. Andr. 1271. — Temenid. fr. 733.

Aus der Natur des menschlichen Geistes als eines Theils des göttlichen ergeben sich Anschauungen von dem Fortleben desselben nach dem Tode*) Hel. [1014], Suppl. [533], vgl. Spengler p. 6; näher dem Volksglauben liegen Hoffnungen auf Belohnung im Jenseits, freilich bedingungsweise geäussert, Alc. 744.

εἰ δέ τι κἀκεῖ | πλέον ἐστ᾿ ἀγαθοῖς, τούτων μετέχουσ᾿
Ἅιδου νύμφη παρεδρεύοις. — und Fr. inc. 848:
ὅστις δὲ τοὺς τεκόντας ἐν βίῳ σέβει,
ὅδ᾿ ἐστὶ καὶ ζῶν καὶ θανὼν θεοῖς φίλος. —

Aber schwerer fast wiegen die gegentheiligen Aeusserungen: Meleagr. fr. 536, Troad. 636 ff. Heracl. 592 ff:

τἀδ᾿ ἀντὶ παίδων ἐστί μοι κειμήλια
καὶ παρθενείας, εἴ τι δή κάτω χθονός.
εἴη γε μέντοι οὐδέν· εἰ γὰρ ἕξομεν
κἀκεῖ μερίμνας οἱ θανούμενοι βροτῶν,
οὐκ οἶδ᾿ ὅποι τις τέρψεται· τὸ γὰρ θανεῖν
κακῶν μέγιστον φάρμακον νομίζεται. —

Der Gedankengang ist folgender: Makaria opfert sich in der Blüthe der Jugend für das Wohl ihrer Familie; sie fordert nun die Ihrigen auf, ihrer wenigstens dankbar zu gedenken; das werde ihr nach dem Tod Ersatz sein für die verlorene Jugend und das nicht genossene Glück; aber bei der Unsicherheit, wie es im Jenseits aussieht und was der Verstorbenen harrt, drängt sich ihr, die des irdischen Lebens Jammer bis zur Neige verkostet, der Wunsch auf: εἴη γε μέντοι οὐδέν. — Wenn unser im Jenseits etwas wartet, ist's vielleicht wieder nur Drangsal und Leiden, und der Tod verliert noch das einzige, was ihn sonst als Retter und als wünschenswerth erscheinen liess, wenn er auch nicht mehr φάρμακον κακῶν ist. — Nägelsbach hat (VII, 28) nachgewiesen, dass gerade des letzten Umstandes wegen, wegen des Freiseins von allen Leiden, aus keinem andern Grund, die Todten μακάριοι heissen. Hält man nun den Gedankengang der vorliegenden Stelle mit dieser Angabe und dem dogmatischen Bestand des Volksglaubens zusammen, so wird man die Bemerkung (VIII, 19), der Wunsch Makarias sei „eine reine Ausgeburt des Geistes der Verneinung, — in welchem sich am Ende die Sophistik der Zeit am treuesten widerspiegelt" — sicher nicht allzu glimpflich finden.

Echt Euripideisch, einer neuen Auffassung des Lebens und Gestorbenseins entsprechend, sind folgende zwei Stellen:

τίς δ᾿ οἶδεν εἰ ζῆν τοῦθ᾿ ὃ κέκληται θανεῖν,

---

*) Nach des Euripides Ansicht stirbt nichts von dem, was einmal geworden. Der Tod ist blos Scheidung des früher Verbundenen; was von der Erde genommen ist, kehrt zur Erde zurück,

τὰ δ᾿ ἀπ᾿ αἰθερίου βλαστόντα γονῆς
εἰς οὐράνιον πάλιν ἦλθε πόλον· Chrysipp. fr. 836, 9—14, vgl. Pohle p. 14.

τὸ ζῆν δὲ θνήσκειν ἐστί; die Lebenden leiden, die Dahingeschiedenen leiden nicht. Phrix. fr. 830.
τίς δ' οἶδεν εἰ τὸ ζῆν μέν ἐστι κατθανεῖν,
τὸ κατθανεῖν δὲ ζῆν κάτω νομίζεται; Polyid. fr. 639.
Vgl. Cic. Tusc. I, 31. *Quo quum venerimus, tum denique vivemus. Nam haec quidem vita mors est.* — Vgl. Spengler p. 8, Pohle p. 15.

IV. Capitel.
Der Mensch nach Charakter, Fähigkeiten und Anlagen.
A. Allgemeine Lage des Menschen.

In all' diesen Trübsalen und Wirren, die eben an uns vorübergezogen und die bei einem tragischen Dichter gewiss noch mehr hervortreten als bei einem andern Schriftsteller, gibt es, so viel im Menschen gelegen ist, nur einen Anker vor jähem Untergang, nur eine Rettung vor unrühmlichem Verschwinden, das ist ein grosser edler Charakter. Frömmigkeit, Besonnenheit und Weisheit, Wahrheit und Gerechtigkeit, Tapferkeit und Beständigkeit sind die besten Schutzwehren und helfen wenigstens theilweise über die natürlichen und von aussen kommenden Leiden hinweg. Und wahrlich, Euripides ist nicht lässig und nicht kalt oder halb in der Anempfehlung und im Lobpreisen dieses herrlichen Charakters.

Die Entwicklung desselben obliegt dem Menschen durch Pflege jener reichen Keime, welche die Götter ihm eingepflanzt, und durch Benutzung dessen, was sie ihn gelehrt, wozu sie ihm die Mittel gegeben. — Und nicht nackt haben sie ihn in das Leben gesetzt; auch liessen sie ihn in demselben nicht rathlos stehen. — Ich beziehe mich zuerst auf Suppl. 196—218, wo Theseus schildert, wie die Götter den Menschen ausgestattet. Der Mensch ist hiebei anfänglich ganz passiv, empfangend; erst nachdem er lebensfähig hingestellt ist, regt sich in ihm etwas; von den Göttern hat er alles Gute; sich selbst wird er Urheber des Unglücks, das aus der Ueberhebung, der Sünde fliesst.

Theseus tritt in unserer Stelle zuerst entgegen der jedenfalls stark verbreiteten Ansicht, von der wir so manches eben gehört, es gebe im Leben mehr Unglück als Glück; er behauptet das Gegentheil:

[πλείω τὰ χρηστὰ τῶν κακῶν εἶναι βροτοῖς·
εἰ μὴ γὰρ ἦν τόδ', οὐκ ἂν ἦμεν ἐν φάει.]*)199.

---
*) Vgl. damit jedoch Or. 1 ff. Pind. Pyth. 3, 81. ἓν παρ' ἐσλὸν πήματα σύνδυο δαίονται βροτοῖς ἀθάνατοι.

Zu preisen ist der Gott, der uns das Leben, wüst und thierisch wie es war,

— διεσταθμήσατο
πρῶτον μὲν ἐνθεὶς σύνεσιν, εἶτα δ' ἄγγελον
γλῶσσαν λόγων δούς, —

der uns des Feldes Frucht zur Nahrung anwies, des Winters Härte uns meiden und mildern lehrte, der uns Schutz finden liess vor dem Sonnenbrand des Gottes, der uns des Meeres Pfade wies, um durch Austausch aus fremden Landen zu erhalten, woran die Heimat Mangel leiden mochte. Doch auch für des Geistes Bedürfnisse ist gesorgt worden:

ἃ δ' ἔστ' ἄσημα κοὐ σαφῆ, γιγνώσκομεν
εἰς πῦρ βλέποντες καὶ κατὰ σπλάγχνων πτυχὰς
μάντεις προσημαίνουσιν οἰωνῶν τ' ἄπο. —

Und was ist das Ergebniss? Bescheiden wir uns in dieser Lage dankbaren und frommen Sinnes gegen die Götter? — Keineswegs!

ἆρ' οὐ τρυφῶμεν θεοῦ κατασκευὴν βίῳ
δόντος τοιαύτην, οἷσιν οὐκ ἀρκεῖ τάδε;
ἀλλ' ἡ φρόνησις τοῦ θεοῦ μεῖζον σθένειν
ζητεῖ, τὸ γαῦρον δ' ἐν φρεσὶ κεκτημένοι
δοκοῦμεν εἶναι δαιμόνων σοφώτεροι.

In dieser Auffassung haben wir Vieles, was an den „Sündenfall der ersten Eltern" oder an den Fall der Engel erinnern könnte, obwohl eine demselben entsprechende Anschauung dem griechischen Volksglauben sonst fern liegt.

Die guten Gaben der Götter sind in den Händen des Menschen für diesen selbst zur Quelle des Fluches geworden. Wie alle Anlagen, die in den Menschen von den Göttern auf natürliche und übernatürliche Weise (durch eine Art freilich ganz specieller Offenbarung und durch die νόμοι ἄγραφοι so wie die μαντικά) hineingelegt wurden, zu schönen Charakteren im Einzelnen sich entwickeln, und wie sie da erscheinen, davon gibt uns Euripides einige Proben in denselben Suppl. 861 ff., wo uns mehrere edle Männer mit dem Ruhm und Preis ihrer Tüchtigkeit geschildert werden. Der erste, der da genannt wird, ist Kapaneus, reich ohne Hochmuth, gar mässig in jeglichem Genuss;

φίλος τ' ἀληθὴς ἦν φίλοις παροῦσί τε
καὶ μὴ παροῦσιν, ὧν ἀριθμὸς οὐ πολύς·
ἀψευδὲς ἦθος, εὐπροσήγορον στόμα, treu seinen Zusagen gegen Jedermann. Als zweiter kommt Eteoklos; als Verbannter in Argos lebend nahm er die oft dargebotenen Geschenke der Freunde nicht an,

— — οὐδὲ τοὺς τρόπους
δούλους παρέσχε χρημάτων ζευχθεὶς ὕπο·

er grollte nicht der gesammten Bürgerschaft, wenn etwas unrecht war, sondern den schlechten Lenkern des Staates, die es verbrochen; diese sollte die Schuld und Verantwortung treffen. Ein anderer strebte von Kindheit an stark und kräftig zu werden für des Vaterlandes Vertheidigung und Dienst. Parthenopaios, aus Argos eingewandert, wird geschildert, ὡς χρὴ τοὺς μετοικοῦντας ξένους, bescheiden, ohne Missgunst und nicht, wie viele, ein hartnäckiger, rechthaberischer Disputirer, welche Eigenschaft an Bürgern und Fremden gleich lästig ist; im Kampf tapfer wie ein geborner Argiver, freut er sich über das Glück und betrübt sich über das Unglück seiner zweiten Heimat wie ein Vollbürger; da er viele ἐραστάς hatte, hütete er sich gar sehr, irgend wie sich zu vergehen. — Tydeus war nicht in Worten und Reden gross,

— — ἀλλ' ἐν ἀσπίδι
δεινὸς σοφιστὴς πολλὰ δ' ἐξευρεῖν σοφά κτλ. —

Ich meine, da lägen dicht neben einander die herrlichsten Tugenden, — kaum eine fehlt, — die die Alten so gross und bewunderungswürdig gemacht.

Damit zu vergleichen Hipp. 1013 ff., wo Hippolyt entwickelt, was er für das Ideal eines Mannes erachte; er strebt nicht nach Herrschaft; aber, fährt er fort:

ἐγὼ δ' ἀγῶνας μὲν κρατεῖν Ἑλληνικοὺς
πρῶτος θέλοιμ' ἄν, ἐν πόλει δὲ δεύτερος
σὺν τοῖς ἀρίστοις εὐτυχεῖν ἀεὶ φίλοις. —

Euripides preist drei Tugenden, welche es zu pflegen gelte:

τρεῖς εἰσὶν ἀρεταί, τὰς χρεών σ' ἀσκεῖν, τέκνον,
θεούς τε τιμᾶν τούς τε θρέψαντας γονῆς
νόμους τε κοινοὺς Ἑλλάδος· καὶ ταῦτα δρῶν
κάλλιστον ἕξεις στέφανον εὐκλείας ἀεί. Antiop. fr. 219.

Die Haupttugenden sind also: Gottesfurcht, kindliche Liebe gegen die Eltern, Pflege des griechischen Wesens, unter welch' letzterem Ausdruck wohl die gesammte griechische „Sittlichkeit" zusammengefasst ist.

Wir werden im Folgenden den Menschen nach drei Richtungen hin zu betrachten haben: In seinem Verhältniss zu den höheren Mächten, in seinem eigenen innern Wesen und in seinen Beziehungen zur Menschenwelt ausser ihm.

Der erste Punkt umfasst die εὐσέβεια, der zweite und dritte die σωφροσύνη (und die δικαιοσύνη, wenn wir den Begriff der ersteren enger nehmen.)

B) Eigenschaften des Menschen.

I. ΕΥΣΕΒΕΙΑ.

Nach Nägelsbach (V, 2) besteht bei den Griechen die Anschauung, dass die Menschen den Göttern den Cult vertragmässig schulden. Der zweite und jedenfalls stärkere Antrieb zu demselben wie zur Frömmigkeit liegt in der Abhängigkeit von den Göttern und ihrer Macht, in dem Bedürfniss nach ihrer Huld und Gnade, dessen sich der Mensch so oft bewusst wird, und darum hauptsächlich — δουλεύομεν θεοῖς ὅτι ποτ' εἰσὶν οἱ θεοί. Or. 418.

Wie die Götter sich gegen die verhalten, die sie gläubig verehren und fromm leben, haben wir oben gesehen; an dieser Stelle tritt mehr das Verhalten und die Pflicht der Menschen den Göttern gegenüber in den Vordergrund.

Die erste Bedingung der εὐσέβεια ist der Glaube an Götter und Gerechtigkeit. Dieser Glaube lässt sich ja leicht hinnehmen:

κούφα γὰρ δαπάνα κτλ. Bacch. 893. Dass der Glaube eine Gnade der Götter sei (wie dieselben ja auch, wenn sie übel wollen, in Unglaube und Sünde verstricken), findet sich wohl nirgends ausgesprochen.

Die εὐσέβεια, als das richtige Verhalten gegen die Götter, die Spender alles Glückes und Segens, ist Weisheit; ein Thor ist daher, wer die Sprüche der Götter hört, ihnen aber nicht folgt. Iph. Taur. 1475. — Der Glaube ist auch Bedingung zur rechten Vollbringung des Opfers und Dienstes; Unglaube und Gottlosigkeit passt nicht zu demselben. Bacch. 476. Segenbringend und ruhmvoll ist's den Göttern zu dienen; ruhmvoller als im Dienst der Menschen zu stehen. Jon 131, Bacch. 72.

Vielen Nutzen und Segen bringt der heilige Dienst in jeder Hinsicht. „Wer dem Altar dient, soll vom Altar leben" Jon 183, 327. (Vgl. selbst 179.)

γνώμαν σώφρον' ἃ θνατοῖς ἀπροφάσιστος | εἰς τὰ θεῶν ἔφυ, | βροτείαν τ' ἔχειν ἄλυπος βίος. Bacch. 1002.

Schön sind hier verbunden die zwei Haupttugenden γνώμη ἀπροφάσιστος εἰς τὰ θεῶν, Willfährigkeit im Dienste der Götter und γνώμη σώφρων, βροτεία als Quelle eines leid- und kummerlosen Lebens. So leitet Nägelsbach aus der Stelle Soph. Ai. 127 ff. Namen, Wesen und Motive der ganzen griechischen Sittlichkeit ab. (V, 23.)*)

Es gibt höhere Güter noch, als selbst die Weisheit eines ist, wenigstens die dünkelhafte Weisheit:

τὸ σοφὸν οὐ φθονῶ · | χαίρω θηρεύουσ' | ἕτερα μεγάλα φανερά τ' ὄντ' ἀεί, | ἐπὶ τὰ καλὰ βίον | ἦμαρ εἰς νύκτα τ' εὐαγοῦντ' εὐσεβεῖν, | τὰ δ' ἔξω νόμιμα δίκας ἐκβαλόν- | τα τιμᾶν θεούς. Bacch. 1005.

Wer zur rechten Zeit glaubt, hat die Götter zu Freunden und ist glücklich. Bacch. 1341; da die Götter sich über die Verehrung der Menschen freuen, Hipp. 7, muss das Los des Gottesfürchtigen beneidenswerth sein:

---

*) „Motiv ist die Hinfälligkeit und Wandelbarkeit des Irdischen, Princip ist das Mass; ihr Name σωφροσύνη, nach ihrem positiven, αἰδώς nach ihrem negativen Charakter."

μακάριος όστις νοῦν έχων τιμᾷ θεόν
καὶ κέρδος αὐτῷ τοῦτο ποιεῖται μέγα. Archel. fr. 258.

Obwohl sich die Götter der Verehrung und Opfer freuen, sehen sie doch keineswegs ausschliesslich auf die Grösse oder Beschaffenheit der Opfergaben.

ἐγὼ δὲ πολλάκις — πένητας ἄνδρας εἰσορῶ
θεοῖσι μικρᾷ χειρὶ θύοντας τέλη
τῶν βουτυθούντων ὄντας εὐσεβεστέρους. Dan. fr. 329.
εὖ ἴσθ᾽ ὅταν τις εὐσεβῶν θύῃ θεοῖς,
κἂν μικρὰ θύῃ, τυγχάνει σωτηρίας. Fr. inc. 940. *)

In diesen beiden Stellen ist jedenfalls auch der gottgefälligen frommen Gesinnung ihr wohlverdientes Recht geworden, während dieselbe sonst nicht eben als wesentliches Erforderniss zur Erfüllung der religiösen Verpflichtungen gilt. Wer sein Opfer gebracht, bei dem wird eben die rechte Herzensstimmung gegen die Gottheit vorausgesetzt.

Die Motive der Frömmigkeit gelten allgemein, daher ist auch die Verpflichtung allgemein; — nicht von den Jungen oder von den Alten, heisst es, gesondert, sondern von Allen insgesammt will der Gott verehrt sein. Bacch. 206. Wenn daher nur wenige gottesfürchtig sind, sind eben nur wenige weise und ihrer Verpflichtung eingedenk. Bacch. 196. —

Glaube und Gottvertrauen muss auch im Unglück Stand halten. — Wenn die Götter sich auch als schlechte Bundesgenossen gezeigt haben,

ὅμως δ᾽ ἔχει τι σχῆμα κικλήσκειν θεούς,
ὅταν τις ἡμῶν δυστυχῇ λάβῃ τύχην. Troad. 470; vgl. ib. 1280.

Wie dem einzelnen Menschen, so bringt gottgefälliges Ringen und Kämpfen einer ganzen Stadt Ehre und Freunde. Suppl. 373.

Ebenso liegt für den einzelnen Menschen alles daran, gottesfürchtig zu sein:

— πάντα δ᾽ ἀνθρώποις
τάδ᾽ ἐστὶ χρήματ᾽ ἤν τις εὐσεβῇ θεόν. Archel. fr. 254.

Die Frömmigkeit stirbt nicht, d. h. wohl, sie wird nicht umsonst geübt, sie trägt ihren Lohn theils in sich, theils findet sie ihn in einer andern Welt:

ἀρετὴ δὲ κἂν θάνῃ τις οὐκ ἀπόλλυται,
ζῇ δ᾽ οὐκέτ᾽ ὄντος σώματος· κακοῖσι δὲ
ἅπαντα φροῦδα συνθανόνθ᾽ ὑπὸ χθονός.**) Temenid. fr. 734.

Und dazu das herrliche Los der Kindesliebe, der Lohn für die Erfüllung des „vierten Gebotes":

---

*) Vgl. das schöne Wort Soph. O. C. 498 f.
**) Vgl. Soph. Piloct. 1443, wo in fast entgegengesetztem Ausdruck und doch gleichem Sinn die εὐσέβεια συνθνῄσκει βροτοῖς, d. h. sie stirbt mit ihnen, geht mit den Todten als Begleiterin zu den Richtern der Unterwelt.

ὅστις δὲ τοὺς τεκόντας ἐν βίῳ σέβει,
ὅδ' ἐστὶ καὶ ζῶν καὶ θανὼν θεοῖς φίλος.

Wer dagegen die Eltern nicht ehrt, der opfere weder mit mir denselben Göttern, noch steige er in dasselbe Schiff mit mir zur Meerfahrt. Fr. inc. 848. — Wie hier, so wird Meidung der Befleckten wegen der Gefahr, in ihr Verderben mit hineingezogen zu werden, häufig empfohlen. El. 1354, Suppl. 226. Freilich haben wir auch der Fälle genug, dass jemand eine Befleckung nicht fürchtet.

οὐδεὶς ἀλάστωρ τοῖς φίλοις ἐκ τῶν φίλων. Herc. F. 1234, vgl. Suppl. 768. In solchen Fällen siegt dann eben die Freundschaft und treue Liebe, das menschliche Mitgefühl über die Furcht. Man denke an Theseus in Herc. F., an Pylades u. A.

II. ΣΩΦΡΟΣΥΝΗ, (ΔΙΚΑΙΟΣΥΝΗ).

1. Durch die εὐσέβεια tritt der Mensch in das rechte Verhältniss zur Gottheit, durch die σωφροσύνη und δικαιοσύνη erscheint er in sich vollkommen und untadelig der Menschenwelt gegenüber.

Das Wort σωφροσύνη selbst wird in vielen Bedeutungen gebraucht, so dass es bald als Inbegriff aller Tugend und Vollkommenheiten gilt, bald wieder als einzelne Tugend einer andern, z. B. der σοφία, δικαιοσύνη u. s. w. gleich oder entgegengestellt wird. — Ich möchte nun für die folgende Betrachtung den Begriff derselben so begrenzt haben, dass sie uns als der wahre innere, moralische Werth des Menschen gilt, während mit δικαιοσύνη das rechte Verhältniss zu dem Mitmenschen bezeichnet werden soll.

Ihr Werth und Wesen ist in folgenden Worten ausgesprochen:

ἐγὼ δ' | οὐδὲν πρεσβύτερον νομί- | ζω τᾶς σωφροσύνας, ἐπεὶ | τοῖς ἀγαθοῖς ἀεὶ ξύνεστι. Fr. inc. 951.

οὐκ ἔστιν ἀρετῆς κτῆμα τιμιώτερον·
οὐ γὰρ πέφυκε δοῦλον οὔτε χρημάτων
οὔτ' εὐγενείας οὔτε θωπείας ὄχλου.
ἀρετὴ δ', ὅσωπερ μᾶλλον ἂν χρῆσθαι θέλῃς,
τοσῷδε μᾶλλον αὔξεται τελουμένη. Fr. inc. 1016, vgl. Fr. inc. 1017.

Wer weise ist, ist nach der allgemeinen Ansicht der Griechen auch gut, daher der Ausdruck der Entrüstung in Hel. 922.

αἰσχρὸν τὰ μέν σε θεῖα πάντ' ἐξειδέναι,
τά τ' ὄντα καὶ μή, τὰ δὲ δίκαια μὴ εἰδέναι, wo μὴ εἰδέναι gewiss dasselbe ist, als „nicht üben."

2. Weisheit. Aus der Schule des Anaxagoras kennt Euripides den hohen Werth der Weisheit; er strebt aber nicht blos nach dieser im allgemeinen, er strebt auch nach

Wissenschaft, er speculirt und grübelt nicht nur, er studirt, hinter den Bücherschätzen seiner Bibliothek verborgen, für die Welt. Das Lob auch dieser so erworbenen Weisheit singt er in Fr. inc. 902:

ὄλβιος ὅστις τῆς*) ἱστορίας | ἔσχε μάθησιν, | μήτε πολιτῶν. ἐπὶ πημοσύνην | μήτ᾽ εἰς ἀδίκους πράξεις ὁρμῶν, | ἀλλ᾽ ἀθανάτου καθορῶν φύσεως | κόσμον ἀγήρων, πῇ τε συνέστη | καὶ ὅπῃ καὶ ὅπως. | τοῖς δὲ τοιούτοις οὐδέποτ᾽ αἰσχρῶν | ἔργων μελέδημα προσίζει. — Sein einsames Studieren bewahrt ihn vor vielerlei Belästigung und Verübung ungerechter Thaten, zu denen das öffentliche Leben so leicht verführt; es erhält ihm den Sinn für das Ideale der Gemeinheit des Tages gegenüber.**) — Die Themata seiner Studien haben wir hier; andere auf die religiösen und ethischen Fragen bezügliche spricht er mit einer nur ihm eigenen Innigkeit und, man kann auch sagen, frommen Glaubensbedürftigkeit (wenn auch in einer für seine Zeit ketzerischen Fassung) aus. Fr. inc. 904, 9 ff.

πέμψον δ᾽ εἰς φῶς ψυχὰς ἐνέρων | τοῖς βουλομένοις ἄθλους προμαθεῖν, | πόθεν ἔβλαστον, τίς ῥίζα κακῶν, | τίνα δεῖ μακάρων ἐκθυσαμένους | εὑρεῖν μόχθων ἀνάπαυλαν. —

Doch ist der Dichter nicht einseitig in der Schätzung der Weisheit, die so durch Studium gewonnen wird. Die praktische Weisheit hat ihren unvergleichlichen Werth für das öffentliche Leben:

γνώμαις γὰρ ἀνδρὸς εὖ μὲν οἰκοῦνται πόλεις,
εὖ δ᾽ οἶκος, εἴς τ᾽ αὖ πόλεμον ἰσχύει μέγα. —
σοφὸν γὰρ ἓν βούλευμα τὰς πολλὰς χέρας
νικᾷ, σὺν ὄχλῳ δ᾽ ἀμαθία πλεῖστον κακόν.   Antiop. fr. 220.

Die Götter gaben den Menschen nicht nur den Verstand, sondern auch das Mittel zur Verständigung, ἄγγελον γλῶσσαν λόγων (Suppl. 203 ff.), d. h. das Mittel, die Weisheit so weit sie mittheilbar und lehrbar ist, andern mitzutheilen. In den Guten zwar sind alle Gaben der Weisheit vereinigt:

ἐν τοῖς ἀγαθοῖς δὲ πάντ᾽ ἔνεστι σοφίας.   Alc. 603.

Weisheit ist schwer zu erwerben, schwerer noch zu lehren, und wie viele Künste die Menschen auch verstehen, eine verstehen sie nicht:

---

*) Spengler, p. 2 schreibt, ich weiss nicht, worauf gestützt: τῆς ἱστορίας, und spricht, woraus ersichtlich wird, dass kein Druckfehler (Γ, Τ) vorliegt, von solchen „qui in terra cognoscenda operam studiumque collocabant". Von einer Geologie im heutigen Sinne kann doch nicht die Rede sein; die „Geogonie", wenn das Wort gestattet wird, fällt, so weit sie ein Gegenstand der Speculation jener Zeit war, sicher zusammen mit dem in Vers 5—7 Gesagten.

**) Das Wesen der dem Euripides oft vorgeworfenen ἐργία und die Beweggründe derselben siehe in der erschöpfenden Darstellung von Prof. Schenkl p. 358 f., bes. 360.

φρονεῖν διδάσκειν, οἷσιν οὐκ ἔνεστι νοῦς. Hipp. 920.*)

Der Weise lässt sich leicht von einem andern eines Besseren belehren, Rhes. 206, da nicht Einer alles wissen kann und jeder seine bestimmten Gaben hat. ib. 106. Auch die ὁμιλία ist eine grosse Lehrmeisterin, Andr. 683, ebenso die Vergleichung und Beobachtung, Oenom. fr. 578, obwohl man mit ihr bei der grossen Willkürlichkeit vieler Vorfälle nicht ausreicht. Eurysth. fr. 377.

Das Mittel der Belehrung sind die λόγοι.

οἱ λόγοι καὶ καταπαλαίουσιν λόγους. Iph. Aul. 1013.

Am besten freilich wär's, wenn es dessen nicht bedürfte:

— τὸ δ' εὖ μάλιστα τοῦτο γίγνεται,
εἰ πᾶσι ταὐτὸν πρᾶγμ' ἀρεσκόντως ἔχει. Iph. Taur. 580,

da gäbe es keinen Streit; so aber haben wir zwar dieselben Namen und führen sie im Munde, verbinden aber mit denselben durchaus nicht die gleichen Vorstellungen:

εἰ πᾶσιν ταὐτὸ καλὸν ἔφυ σοφόν θ' ἅμα,
οὐκ ἦν ἂν ἀμφίλεκτος ἀνθρώποις ἔρις·
νῦν δ' οὔτ' ὅμοιον οὐδὲν οὔτ' ἴσον βροτοῖς
πλὴν ὀνόμασιν, τὸ δ'ἔργον οὐκ ἔστιν τόδε. Phoen. 499.

Hier wird constatirt, dass die damalige Welt nur in den Worten, nicht in den Begriffen übereinstimmt. Nägelsbach hat daher auch hier zu viel gesucht, wenn er (VIII, 19), freilich gemildert, schreibt: „— — dass es eine von aller Willkür unabhängige, allgemein giltige Wahrheit nicht gebe. — Diese Begründung lässt sich herauslesen aus Phoen. 500 —".

Das Lob der Weisheit und Klugheit wird eifrig gesungen:

σοφὸν γὰρ ἄνδρα, κἂν ἑκὰς ναίῃ χθονός,
κἂν μήποτ' ὄσσοις εἰσίδω, κρίνω φίλον. Fr. inc. 894.

Sie ist besser als Adel, Tapferkeit, Wohlgestalt des Körpers, Alex. fr. 53, 9, Antiop. fr. 199, Beller. fr. 292, Thyest. fr. 397, Oed. fr. 552, Chrysipp. fr. 839. — Die Weisheit gibt zu einem Amt erst die rechte Befähigung: Heerführer kann wohl jeder sein, —

σοφὸς δ' ἂν εἷς τις ἢ δύ' ἐν μακρῷ χρόνῳ. Palam. fr. 585.

Die wahre Weisheit aber ist die, die auch eine Probe bestehen kann. Im Unglück bewährt sich schwer Mässigung und Frömmigkeit, ebenso die Weisheit. Daher

— σοφόν τοι κἂν κακοῖς ἃ δεῖ φρονεῖν. Hec. 228.

Es ist auch leichter in fremder Sache recht zu sehen und guten Rath zu haben als in eigener, leichter Geduld zu

---

*) Hier wird nach Nägelsbach (VIII, 8) „den Menschen ihre Unfähigkeit vorgeworfen, die Thoren klug zu machen". —

predigen als zu üben, leichter zu rathen als das Gerathene auszuführen:

ῥᾷον παραινεῖν ἢ παθόντα καρτερεῖν Alc. 1078. — Vgl. Alex. fr. 45, Alcmene fr. 103, Oenom. fr. 576, 4; Fr. inc. 1029: „den Splitter im Auge des Nächsten sehen wir, aber nicht den (Balken) im eigenen." —

αἱ δεύτεραί πως φροντίδες σοφώτεραι. Hipp. 436; doch kommt keine Rede zur Unzeit (ἔστ᾽ ἄκαιρος, dagegen Nauck ἔσται καινός), wenn sie treffend ist. Iph. Taur. 754.

Bei der Schwachheit der menschlichen Natur wünscht der durch Leidenschaften Verblendete oft lieber in Unwissenheit zu verbleiben als recht zu sehen; den Irrenden trifft die Zurechtweisung schwer;

κρατεῖ μὴ γιγνώσκοντ᾽ ἀπολέσθαι Hipp. 247.
τὸ μὴ εἰδέναι γὰρ ἡδονὴν ἔχει τινὰ
νοσοῦντα, κέρδος δ᾽ ἐν κακοῖς ἀγνωσία. Antiop. fr. 204.

Doch liegt in diesem Gewährenlassen häufig ein Anlass zu noch schlimmerem Treiben. Fr.*inc. 1018.

Der Weise nützt sich und Andern; welche Weisheit dieser Forderung nicht entspricht, die ist zu verwerfen. Fr. inc. 897.

Ich hasse den, der in Worten weise ist, aber nicht weise εἰς ὄνησιν. Alex. fr. 62. — Vgl. Palam. fr. 587, Archel. fr. 255, Fr. inc. 897.

Das ist dann jene Afterweisheit, die in Wortgeklingel besteht, sich selbst und die Welt belügt; die Sophistik des gemeinen Lebens möchte ich sie nennen zum Unterschiede von jener besseren, die ihrer Zeit wohl ein berechtigter Factor im griechischen Leben gewesen.

Dagegen erscheint in einfacher Erhabenheit und in seinem wahren Werthe der weise Denker:

κόσμος δὲ σιγῆς στέφανος ἀνδρὸς οὐ κακοῦ.
τὸ δ᾽ ἐκλαλοῦν τοῦθ᾽ ἡδονῆς μὲν ἅπτεται,
κακὸν δ᾽ ὁμίλημ᾽, ἀσθενὲς δὲ καὶ πόλει. Antiop. fr. 218.

Das Gewicht schöner Worte und den Werth edler Thaten finden wir Antiop. fr. 205.

ὦ παῖ, γένοιντ᾽ ἂν εὖ λελεγμένοι λόγοι
ψευδεῖς, ἐπῶν δὲ κάλλεσιν νικῶεν ἂν
τἀληθές· ἀλλ᾽ οὐ τοῦτο τἀκριβέστατον,
ἀλλ᾽ ἡ φύσις καὶ τοὐρθόν. ὃς δ᾽ εὐγλωσσίᾳ
νικᾷ, σοφὸς μέν, ἀλλ᾽ ἐγὼ τὰ πράγματα
κρείσσω νομίζω τῶν λόγων ἀεί ποτε. —

Dass doch die Thaten reden könnten, damit alle Schwätzer und Prahler verstummen müssten! Hipp. V. fr. 442. — Reden sind nicht den Thaten vorzuziehen, Thyest. fr. 398. — Gut und schlecht werde mit seinem wahren Namen genannt. —

ἀλλ᾽ εἴτε χρήστ᾽ ἔδρασε, χρήστ᾽ ἔδει λέγειν,
εἴτ᾽ αὖ πονηρά, τοὺς λόγους εἶναι σαθρούς.
καὶ μὴ δύνασθαι τἄδικ᾽ εὖ λέγειν ποτέ.
σοφοὶ μὲν οὖν εἰσ᾽ οἱ τάδ᾽ ἠκριβωκότες,
ἀλλ᾽ οὐ δύναιντο διὰ τέλους εἶναι σοφοί,
κακῶς δ᾽ ἀπώλοντ᾽· οὔτις ἐξήλυξέ πω. Hec. 1187.

Die Zungenfertigkeit bietet nichts verlässliches; die Zunge meistert zwar andre, sich selbst aber bereitet sie mancherlei Ungemach. Hipp. 394. — Freilich, wenn die Reden etwas kosteten, würde jeder sparsam sein mit faulem Eigenlob; nun aber,

— ἐκ βαθείας γὰρ πάρεστιν αἰθέρος
λαβεῖν ἀμοχθεί, πᾶς τις ἥδεται λέγων
τά τ᾽ ὄντα καὶ μή· ζημίαν γὰρ οὐκ ἔχει. Fr. inc. 968.

Das Hauptkunststück der Sophisten, wenn der Ausdruck nicht zu trivial erscheinen sollte, das berüchtigte „τὸν ἥσσω λόγον κρείσσω ποιεῖν" finden wir angedeutet in den Worten:

ἐκ παντὸς ἄν τις πράγματος δισσῶν λόγων
ἀγῶνα θεῖτ᾽ ἄν, εἰ λέγειν εἴη σοφός. Antiop. fr. 189. vgl.
Aeol. fr. 28.: σοφοῦ - ἀνδρὸς ὅστις ἐν βραχεῖ | πολλοὺς λόγους οἷός τε συντέμνειν καλῶς.

Dazu die oben angeführte Stelle aus Phoen. 499. — Zu dem σοφός, der nicht σοφὸς εἰς ὄνησιν ist, passt auch:

πῶς γὰρ σοφὸν τοῦτ᾽ ἔστιν, εἴ τις εὐφυῆ
λαβοῦσα τέχνη φῶτ᾽ ἔθηκε χείρονα; Antiop. fr. 186.

Der wirkliche Weise muss sich bewähren können,

— — οἱ πεῖραν οὐ δεδωκότες
μᾶλλον δοκοῦντες ἢ πεφυκότες σοφοί. Phoenix fr. 806.

Männer von tapferem Arm und kluger Einsicht mögen jenes bunte prahlerische Spielen mit Worten lassen und auf das wahre Wohl des Staates ernstlich bedacht sein. Acol. fr. 16. In der Antiope (fr. 188) wird sogar die Beschäftigung mit der lyrischen Muse im Gegensatz zu kriegerischem Sinnen und Trachten verurtheilt.

Das ganze Treiben jener „Weisen" läuft oft nur auf Prahlerei hinaus:

μή μοι λεπτῶν θίγγανε μύθων, ψυχή·
τί περισσὰ φρονεῖς, εἰ μὴ μέλλεις
σεμνύνεσθαι παρ᾽ ὁμοίοις; Fr. inc. 916.

Vor allem andern aber ist wohl zu beachten die Stelle in den Bakchen:

τὸ σοφὸν οὐ σοφία | τό τε μὴ θνητὰ φρονεῖν. Bacch. 395.

„Das Vernünfteln ist die Weisheit nicht und das Sinnen auf Dinge, die nicht für Sterbliche sind" (Lübker). Schliesslich kommt der Dichter, wohl durch die sonderbaren Gänge der Sophistik getrieben, auf einen Punkt, wo wir ihn nimmer zu finden erwartet hätten, ihn den kühnen Neuerer, der allem Bestehenden den Krieg erklärt habe, dem Handlanger der wühlenden Sophistik, wie man ihn ehrend auch benannt:

σοφὸν δ' ἀπέχειν πραπίδα φρένα τε | περισσῶν παρὰ φωτῶν · | τὸ πλῆθος, ὅ τι τὸ φαυλότερον | ἐνόμισε χρῆται*) τε τόδ᾽ ἂν δεχοίμαν.
Bacch. 427.

Ich meine, aus dem bisher Gesagten erhellt zur Genüge, welche Stellung Euripides der Sophistik gegenüber eingenommen; und Nägelsbach beurtheilt ihn sicher nicht zu mild, wenn er sich gezwungen sieht einzugestehen, „es muss ihm auch das Verdienst angerechnet werden, dass er dasselbe (d. Volk) vor den Gefahren der Sophistik nicht ungewarnt lässt." — Man könnte, weniger zurückhaltend, auch zugestehen, dass er das innere Wesen, die Hohlheit, die Verderblichkeit und Unsittlichkeit des Treibens jener Weisen unnachsichtig und zugleich wahrheitsgetreu darstellt.

Dass in Euripides selbst einige Tropfen von Sophistenblut stecken, mag man nicht läugnen; nur sage man nicht, es seien die schlechtesten oder eben nur schlechte; es ist die grosse Gewandtheit der Dialektik, eine grosse Zungengeläufigkeit und Redseligkeit**); er ist so ganz ein Kind seiner Zeit, und diese war den Sophisten in die Hände gefallen. Ihm ging's da grossentheils so wie seinem grossen Gegner Aristophanes. Kämpft dieser doch auch mit den Waffen, die derselben Fechtschule entnommen sind, wenn er auch gegen die Richtung des Euripides und die von ihm damit auf eine Linie gestellte sophistische kämpft.

Wie Euripides innerlich gegen die Sophisterei gestimmt ist, können wir aus einzelnen kleinen Zügen sehen. In der Taurischen Iphigenie wird die Göttin Artemis getadelt, dass, während sie jeden Blutbefleckten von ihrem Altar fernhält, sie sich selbst an Menschenopfern freut. Diese Inconsequenz, wenn es der Dichter nicht schlimmer bezeichnet haben will, nennt er, ich glaube nicht zufällig, σοφίσματα, und tadelt dieselbe. Vgl. die Stelle Iph. Taur 77 ff. — Ebenso bezeichnet er auch den Vorwand der Menschen zum Dienste eines Gottes (des Dionysos) nicht verpflichtet zu sein, als σοφίζεσθαι, Bacch. 199 f. und dazu τὸ σοφὸν οὐ σοφία | τό τε μὴ θνητὰ φρονεῖν, ib. 395.

Euripides ist überall selbst zu viel Redner, als dass man nicht auch ohne ausdrückliche Zeugnisse sehen sollte, wie hoch er den Werth der Πειθώ angeschlagen. Wenn er aber deren

---

*) Vgl. die Conjectur von Collmann, de Bacch. locis nonnullis, Programm von Glückstadt 1875. — ἐνόμισε, χρῆσθαι τῷδε τοι θέλοιμ' ἄν. —

**) Vgl. ihn selbst in Aristoph. Ran. 892, γλώττης στρόφιγξ, καὶ ξύνεσι καὶ μυκτῆρες ὀσφραντήριοι.

Macht kennt und sich derselben eifrig bedient, müssen wir doch gestehen, dass er die scharfe Waffe immer ehrlich führt, nie einen unsittlichen Gebrauch von derselben macht. — Er personificirt die Πειθώ, um sie hernach zur Gottheit zu erheben und ihr einen Altar anzuweisen:

οὐκ ἔστι Πειθοῦς ἱερὸν ἄλλο πλὴν λόγος,
καὶ βωμὸς αὐτῆς ἔστ' ἐν ἀνθρώπου φύσει. Antig. fr. 170.

Da hängt dann freilich alles davon ab, in welchem Reich und auf welchen Altären sie sitzt und ihres Amtes waltet. Vgl. Hec. 816 ff., wo Hekabe dieselbe nennt:

(πειθὼ δὲ) τὴν τύραννον ἀνθρώποις μόνην. Es gibt aber auch eine natürliche von der Noth oder der Begeisterung eingegebene Beredtsamkeit:

οὔ γάρ' Ὀδυσσεύς ἐστιν αἵμυλος μόνος,
χρεία διδάσκει, κἂν βραδύς τις ᾖ, σοφόν. Teleph. fr. 709.

Leider lässt sich derjenige, der für eine gute Sache kämpft, oft durch keckes Auftreten des Gegners einschüchtern, so dass der δίκαια λέξας ἧσσον εὐγλώσσου φέρει. Alex. fr. 57. Vgl. Alcmeon fr. 68.

Unmässige, ungezügelte Rede wird Quelle vieler Uebel, sie ist αἰσχίστη νόσων, Or. 10. Kluges Reden der Schlechten klingt doppelt schlimm. Iph. Aul. 333. — Besonders die Götter werden durch übermässige Reden gereizt, was zu meiden. Herc. F. 1244. —

ἀχαλίνων στομάτων | ἀνόμου τ' ἀφροσύνας | τὸ τέλος δυστυχία. |
ὁ δὲ τᾶς ἡσυχίας | βίοτος καὶ τὸ φρονεῖν | ἀσάλευτόν τε μένει | καὶ συνέχει δώματα. Bacch. 386 ff. vgl. Archel. fr. 259.

3. **Mässigung.** Dem Menschen geziemt menschliches Sinnen und Trachten; auf diese Beschränkung sollte ihn schon seine physische Natur hinleiten:

ὥσπερ δὲ θνητὸν καὶ τὸ σῶμ' ἡμῶν ἔφυ,
οὕτω προσήκει μηδὲ τὴν ὀργὴν ἔχειν
ἀθάνατον ὅστις σωφρονεῖν ἐπίσταται. Philoct. fr. 796.

Dem Wortlaute nach ziemlich ähnlich, aber mit verschiedenem Sinn lesen wir: ὄντας δὲ θνητοὺς θνητὰ καὶ φρονεῖν χρεών, d. h. da wir schwache Menschen sind, sollen wir thun, was dieser unserer schwachen Natur zusagt, ihr Genuss verschaffen. Alc. 799 ff.

Der Sporn zur Auflehnung liegt, wie wir oben gesehen, zumeist in unserer eigenen Natur.

ὦ φύσις, ἐν ἀνθρώποισιν ὡς μέγ' εἶ κακόν. Or. 126.

Daher ist zu seinem Glück weise,

ὅστις νέμει κάλλιστα τὴν αὑτοῦ φύσιν. Polyid. fr. 635.

Wie die Götter die Ueberhebung, ja selbst jedes besondere Hervorragen über gewöhnliche Grösse behandeln, ist früher erörtert worden; daher die Warnung vor dem Streben nach Hohem, die Ermahnung sich mit Mässigem genügen zu lassen: τὸ γὰρ εἰθίσθαι ζῆν ἐπ' ἴσοισιν | κρεῖσσον κτλ. Med. 122. Lasset und fliehet das λίαν, Phoen. 584, befleisst euch des μηδὲν ἄγαν. Hipp. 264.

Wenn den Menschen nun nicht Dünkel und Ueberhebung in's Unglück treibt, so gibt es andere Verführungen genug. Die eitlen Hoffnungen (ἐλπὶς βροτοῖσι κάκιστον) erregen Entzweiungen und Kriege; für sich selbst fürchtet keiner; alles Unglück, hofft er, werde den andern treffen; wer würde sonst für den Krieg stimmen? Suppl. 479 ff.

Das Glück selbst auch erzeugt die ὕβρις. Hipp. V. fr. 440, 441. Und besonders die φιλοτιμία, die sonst als Mutter so herrlicher Tugenden gilt, ist schrecklich in ihrem Uebermass.

τί τῆς κακίστης δαιμόνων ἐφίεσαι
φιλοτιμίας, παῖ; μὴ σύ γ'· ἄδικος ἡ θεός·
πολλοὺς δ' ἐς οἴκους καὶ πόλεις εὐδαίμονας
εἰσῆλθε κἀξῆλθ' ἐπ' ὀλέθρῳ τῶν χρωμένων·
— — κεῖνο κάλλιον, τέκνον,
ἰσότητα τιμᾶν, ἣ φίλους ἀεὶ φίλοις
πόλεις τε πόλεσι συμμάχους τε συμμάχοις
συνδεῖ. — Phoen. 531. Die ἰσότης soll dem Menschen auch durch ein Naturgesetz annehmbarer gemacht werden. Phoen. 538. „Gleichheit ist das heilige Gesetz der Menschheit. Dem Vermögenderen lebt ein ewiger Gegner in dem Aermern, stets bereit ihn zu bekriegen. Gleichheit gab den Menschen Mass, Gewicht und Zahl. Das Licht der Sonne und der strahlenlosen Nacht lässt sie in gleichem Zirkelgange wechseln, und keines neidisch auf des andern Sieg wetteifern beide nur der Welt zu dienen." (Schiller.)

Es macht einen ganz eigenthümlichen Eindruck, wenn man nach einer solchen Auffassung des Verhältnisses des Menschen durch Euripides, der sonst alles Bestehende über den Haufen werfen, der entschiedene Vertreter des allgemeinen Gesetzes der Zeit, „des schrankenlosen Subjectivismus" sein soll, ein Urtheil über die vorliegende Stelle hinnehmen muss, wie Lübker Theol. p. 46 eines ausspricht: „Wenn der Dichter dagegen die Gleichheit (ἰσότης) empfiehlt, so befindet er sich auf einem abschüssigen Boden politischer Träumereien, auf welchem wir ihm hier nicht weiter folgen können."

Wenn Eteokles hinwieder den Reiz der Herrschaft sophistisch vertritt Phoen. 503 ff., bes. ib. 524, heisst es: „Es ist eine eigenthümliche Haltung der Moral, wenn diese eine Ausnahme zu gestatten vermag." — Dass Euripides mit jener Anpreisung der ἰσότης tauben Ohren gepredigt, mag man ohne weiters zugeben. Aber zwischen dieser Deutung und der Auffassung Lübkers, die mir, wenigstens in den Schlussworten, geradezu wegwerfend erscheint, liegt denn doch ein himmelweiter Unterschied. Mit Phoen. 531 ff. vgl. Melan. fr. 506, Fr. inc. 1072 und Hipp. V. fr. 449, das herrliche Lob der σωφροσύνη.

Einen Ausruf des Entsetzens, wohin die menschliche Verwegenheit noch kommen werde, wenn sie auf den betretenen Bahnen fortfahren wolle, haben wir Hipp. 936.

φεῦ τῆς βροτείας (ποῖ προβήσεται;) φρενός·
τί τέρμα τόλμης καὶ θράσους γενήσεται;

wenn es so fortgehe, müssten die Götter noch eine neue Welt bauen, welche dann die Ungerechten und Bösen aufnehmen sollte. Hier hat Euripides sicherlich mit Rücksicht auf die Entartung seiner Zeitgenossen so gemalt, die ja keine Schranke, kein Gesetz mehr kannten. — — Zur Mässigung gehört es jedenfalls auch, wenn man die Welt und besonders die Zukunft eher optimistisch als pessimistisch betrachtet. Hel. 346. Niemand wird doppeltes Leid tragen wollen, wo nur eines ertragen werden muss. Iph. Taur. 688. Das *socios habuisse malorum* ist ein Trostmittel; sonst wird empfohlen, sein Los mit fremdem Geschicke zu vergleichen; der Arme hole sich einen Sporn und Antrieb, wenn er die Lage des Reichen betrachtet, aber auch dem letzteren wird ein Blick von seiner Höhe herab nur zuträglich sein. Suppl. 176.

Der in sich gefestigte Mann ist dann im Glück nicht übermüthig, im Unglück nicht verzagt, Ino fr. 413, da man ja auf alles hoffen kann. Hypsip. fr. 761.

Hoffnung und Zuversicht wird sogar zur moralischen Verpflichtung:

οὗτος δ' ἀνὴρ ἄριστος ὅστις ἐλπίσι
πέποιθεν ἀεί· τὸ δ' ἀπορεῖν ἀνδρὸς κακοῦ. Herc. F. 105.
ἐν ἐλπίσιν χρὴ τοὺς σοφοὺς ἔχειν βίον. Ino fr. 412.
δι' ἐλπίδος ζῆ καὶ δι' ἐλπίδος τρέφου. Phrix. fr. 823.

Wir haben es hier zu thun mit der berechtigten, in der Natur der Dinge und der Gerechtigkeit gelegenen Hoffnung, welche als Frucht der εὐσέβεια und σωφροσύνη doch wenigstens den Werth einer freudigen Zuversicht haben muss, gegenüber den eitlen trügerischen Hoffnungen des Ehrgeizes und der Ueberhebung.

Wie die Verfolgung des Rachegelüstes mit der Mässigung und Gesetzmässigkeit in Widerspruch tritt, und dass man sich nicht blind derselben hingeben soll, ist schon gesagt worden zu Jon 1046.

4. Vorsicht. Vorsicht und Klugheit ist die Weisheit auf die Zukunft angewendet. — Für schwer zu ermittelnde Schickungen derselben haben die Menschen die Mantik; ein anderes, immer zur Verfügung stehendes Mittel ist die γνώμη,

ἀρίστη μάντις ἥ τ' εὐβουλία. Hel. 757. Vgl. ib. 759, Fr. inc. 963 (oben schon behandelt).

Vorsicht gilt der Tapferkeit gleich:
καὶ τοῦτό τοι τἀνδρεῖον, ἡ προμηθία, Suppl. 510; daher ist's vom Uebel εὐψυχίαν σπεύδειν ἀντ' εὐβουλίας. (ib. 161.)

— — σώφρονος δ' ἀπιστίας
οὐκ ἔστιν οὐδὲν χρησιμώτερον βροτοῖς. Hel. 1617.
Der Kluge ist nicht langsam, aber bedächtig und nicht zu rasch. Phoen. 452. Einem gewissen gemässigten Zorne ist auch der Weise nicht entrückt:

πρὸς σοφοῦ γὰρ ἀνδρὸς ἀσκεῖν σῶφρον' εὐοργησίαν Bacch. 641.

Doch wie weit entfernt ist dieser von jenem blinden leidenschaftlichen Toben, das nur Unheil bringen kann. Hypsip. fr. 760. Temenos fr. 746, Aeol. fr. 31 und Med. 446:

οὐ νῦν κατεῖδον πρῶτον ἀλλὰ πολλάκις
τραχεῖαν ὀργὴν ὡς ἀμήχανον κακόν. —

5. Adel der Gesinnung, wie wir heutzutage die Sache benennen möchten, ist neben Weisheit und Mässigung die edelste Erscheinungsform des menschlichen Charakters. Das Wesen derselben:

ἐπίσταμαι δὲ πάνθ', ὅσ' εὐγενῆ χρεών,
σιγᾶν θ' ὅπου χρὴ καὶ λέγειν ἵν' ἀσφαλές,
ὁρᾶν θ' ἃ δεῖ με κοὐχ ὁρᾶν ἃ μὴ χρεών,
γαστρὸς κρατεῖν δέ. Ino fr. 417.

(Wir würden da den einen Zug, λέγειν ἵν' ἀσφαλές, entweder beseitigen oder ändern.)

Euripides kommt häufig in die Lage, den Unterschied zwischen adliger Geburt und edler Gesinnung zu betonen und gibt dann immer entschieden letzterer den Vorzug, wodurch er, da er selbst Sklaven von derselben nicht ausschliesst, in starke Opposition gegen die griechische Ansicht tritt.

— — — τοὺς γὰρ ἀνδρείους φύσιν
καὶ τοὺς δικαίους τῶν κενῶν δοξασμάτων,
κἂν ὦσι δούλων,*) εὐγενεστέρους λέγω. Melan. fr. 514. Vgl. Meleagr. fr. 530. Eines nur kann man nicht um Geld kaufen, γενναιότητα κἀρετήν. Meleagr. fr. 531. — Nicht Gold und Silber allein,

— ἀλλὰ χἀρετὴ βροτοῖς
νόμισμα κεῖται πᾶσιν, ἧ χρῆσθαι χρεών. Oed. fr. 546. Vgl. Dan. fr. 331. — εὐγένεια ist unvereinbar mit schlechtem Charakter, Alex. fr. 54. Adel ist eine Erfindung, eine Scheidung, die im Laufe der Zeit erst vorgenommen worden:

---

*) Hier würde wohl besser δοῦλοι stehen? — Ist δούλων als genet. auctor. in dieser Verbindung nicht zu gewagt? — Doch mag es immerhin sein, besonders wenn das γένος in εὐγ. betont werden soll.

— — μία δὲ γονὰ | τό τ᾽ εὐγενὲς καὶ τὸ δυσγενές· | νόμῳ δὲ γαῦρον αὐτὸ κραίνει χρόνος· | τὸ φρόνιμον εὐγένεια, καὶ τὸ συνετὸν | ὁ θεὸς δίδωσιν, οὐχ ὁ πλοῦτος. Alex. fr. 53, 6 ff.
Wenn wir auch im öffentlichen Leben nicht glänzen können,
ἡ δ᾽ εὐγένεια καὶ τὸ γενναῖον μένει. Fr. inc. 1051.

Die Natur des δυσγενής lässt sich durch keine Finsterniss, nicht durch den tiefsten Erdenschlund verbergen, so dass derselbe dann weise erschiene. Pel. fr. 620. Ich möchte hier nicht δυσγενής von der gemeinen Geburt*) nehmen, weil ja durch das schliessliche σοφός ein zu grosser Widerspruch mit der sonstigen Auffassung des Dichters entstünde. Wir könnten die Worte nur einem ganz ausgesprochenen Aristokraten in den Mund legen, müssen aber dann auch so gewiss annehmen, das diese Worte nicht ohne Erwiderung geblieben sind. (Welcker habe ich im Moment nicht mehr zur Hand.)

Den hohen Werth und die Beständigkeit der Tugend haben wir in Fr. inc. 1016 gesehen. (Dieselben Punkte ausführlicher entwickelt bei Hor. Od. III, 3, 1 ff. bes. die θωπεία ὄχλου.) Das Wesen des τρόπος und des νόμος schildert Pirith. fr. 600

τρόπος δὴ χρηστὸς ἀσφαλέστερος νόμου.
τὸν μὲν γὰρ οὐδεὶς ἂν διαστρέψαι ποτὲ
λόγοις δύναιτο, τὸν δ᾽ ἄνω τε καὶ κάτω
ῥήτωρ ταράσσων πολλάκις λυμαίνεται. —

„Und zwar steht in Absicht auf Unveränderlichkeit die gute Sitte noch über dem Gesetz, wenigstens dem sog. positiven. — Dieser τρόπος χρηστός ist zwar die gute Sitte des Einzelnen, die sittliche Weise der Person; aber diese entsteht eben, wenn der Einzelne den ausser ihm vorhandenen νόμος zum seinigen macht und sein Wollen und Denken von ihm bestimmen lässt." Nägelsbach VIII, 18. — Man könnte noch dazusetzen, dass der τρόπος vom Dichter als unabhängig von der jeweiligen Zeitrichtung hingestellt wird, und dass die Ideale der Sittlichkeit von der Zeitströmung nicht berührt werden. Nägelsbach kommt freilich noch in demselben Paragraphen zu einer ganz andern Folgerung!

Die Guten lieben sich untereinander, so auch die Bösen. Beller. fr. 298, Oed. fr. 551; daher der Schluss aus dem Umgang auf den Charakter, Phoenix fr. 809. Hypsip. fr. 759.
— Wie der Mann, so die Mittel, deren er sich bedient. Iph. Aul. 502. Vgl. ib. 387.

Das edle Wesen sollten die Menschen lieben:
— ἔστι δή τις ἄλλος ἐν βροτοῖς ἔρως;
ψυχῆς δικαίας σώφρονός τε κἀγαθῆς. — — Dict. fr. 342,

---
*) Vgl. dagegen Prof. Schenkl, 493.

wovon wir schon oben gehandelt. — Dem Edlen ordnet man sich leicht unter:

ἀνδρὸς ὑπ' ἐσθλοῦ καὶ τυραννεῖσθαι καλόν. Aeg. fr. 8.

Der edle Mann ist schamhaft und ehrliebend. Iph. Aul. 380, Erechth. fr. 367. — Edle Schamhaftigkeit ist Weisheit und bringt Ehre. Iph. Aul. 563; sie ist eine Freundin der Gerechtigkeit, Ungerechtigkeit und Gewalt wohnt fern von ihr. Herc. F. 557. Mit einer gewissen Scheu geht man neuen Freunden und neuen süssen Verbindungen (der Ehe,) entgegen. Iph. Aul. 839.

Der Motive edel und gut zu sein und zu bleiben gibt es gar manche:

τὸ μὲν μέγιστον Ζεύς, — —

τὸ συγγενές τε καὶ τὸ προὐφείλειν καλῶς
πράσσειν παρ' ἡμῶν τούσδε πατρῴαν χάριν,
τὸ δ' αἰσχρόν, οὕπερ δεῖ μάλιστα φροντίσαι. Heracl. 238.

Götter, Verwandtschaft, Dankbarkeit, Sorge für den guten ehrlichen Namen. — Der Edle leidet lieber den Tod als Schande:

— — ἡ γὰρ αἰσχύνη πάρος
τοῦ ζῆν παρ' ἐσθλοῖς ἀνδράσιν νομίζεται, Heracl. 200, vgl.

Suppl. 912, Troad. 384; daher die Mahnung:

ἓν δέ σοι μόνον προφωνῶ, μὴ ἐπὶ δουλείαν ποτὲ
ζῶν ἑκὼν ἔλθῃς παρὸν σοὶ κατθανεῖν ἐλευθέρῳ. Archel. fr. 247.

Seinen Feinden zum Gespött zu werden ist ärger als der Tod. Herc. F. 285. Vgl. Med. 797.

Der Edle ist leutselig und wird geliebt:

ἐν εὐπροσηγόροισιν ἔστι τις χάρις·
πλείστη γε, καὶ κέρδος γε σὺν μόχθῳ βραχεῖ. Hipp. 95. Hel. 1234.

Derselbe kennt keine Selbstsucht, unterstützt auch Unglückliche, die ihm fern stehen, Iph. Aul. 983. Die edle Gesinnung ist ein mächtiges Bindemittel zwischen Gleichgesinnten, Heracl. 629, während sich gut und schlecht nicht verbinden noch mischen lässt, Jon 1017. — Besser als Reichthum und Landbesitz ist der Umgang ἀνδρῶν δικαίων κἀγαθῶν. Aeg. fr. 7.

Aus ihren Thaten kennt man die Menschen; der Schein ist unverlässlich und die Probe schlägt oft fehl. Aug. fr. 279. Theilweise zwar lässt sich aus der Erscheinung auch auf adeliges Wesen (und adligen Sinn?) schliessen, Jon 239. Einen verlässlichen andern Massstab haben wir nicht. Die Metalle zwar können wir erproben,

ἀνδρῶν δ' ὅτῳ χρὴ τὸν κακὸν διειδέναι,
οὐδεὶς χαρακτὴρ ἐμπέφυκε σώματι. Med. 518 vgl. Herc. F. 669.

Das Auge ist kein unparteiischer Richter:

δίκη γάρ ούκ ένεστιν όφθαλμοΐς βροτών,
όστις πρίν άνδρός σπλάγχνον έκμαθεΐν σαφώς
στυγεΐ δεδορκώς, ουδέν ήδικημένος. Med. 219.
ου γάρ οφθαλμός τό κρΐνόν έστιν, άλλά νους καλώς. Fr. inc. 901, 6.
(die Leseart nach Welcker p. 543). Der Ungerechtigkeit der Beurtheilung nach dem blossen Schein folgt auch der φθόνος; über denselben Ino fr. 407, Beller. fr. 296, 297.

6. Wahrhaftigkeit. Der edle Mann redet die Wahrheit und ist kein διπλούς άνήρ, Rhes. 394, ib. 423. Einfach ist die Sprache der Wahrheit:

άπλοΰς ό μύθος της αληθείας έφυ,
κού ποικίλων δεΐ τάνδιχ' ερμηνευμάτων·
έχει γάρ αυτά καιρόν. ό δ' άδικος λόγος
νοσών έν αύτω φαρμάκων δεΐται σοφών. Phoen. 469.

Schlimmes gut nennen ist Schamlosigkeit, doch selbst dass die gute eigene That zu sehr gepriesen werde, ist dem geraden Manne widerwärtig. Or. 1162, Iph. Aul. 979, Heracl. 202. Doppelt schlimm ist's, wenn man zum Unglück noch die Lüge hinzufügte, Iph. Aul. 1144. — Die Wahrheit geht offen im hellen Tageslicht einher, die Diebe lieben das Dunkel der Nacht. Iph. Taur. [1026]. Vgl. Fr. inc. 1022, 1023. — Verlässlichkeit wird gepriesen:

καλόν τοι γλώσσ' ότω πιστή παρή. Iph. Taur. 1064.

Bei einer guten That ist es leicht schön und freimüthig zu reden, Hec. 1238, Bacch. 266; in solcher Lage kann auch ein schwacher Redner beredt werden. Herc. F. 236.

7. Die Gerechtigkeit erscheint mit golden strahlendem Antlitz: δικαιοσύνας τό χρύσεον πρόσωπον· Melan. fr. 490. Wie bei der göttlichen Gerechtigkeit mehr die strafende Seite hervorgekehrt erscheint, so ist es auch bei der menschlichen der Fall. Der edle Mann steht im Dienste derselben und kämpft mit ihrem Schwert gegen die Uebelthäter:

έσθλού γάρ άνδρός τή δίκη θ' ύπηρετεΐν,
καί τούς κακούς δράν πανταχού κακώς άεί. Hec. 844.

Dadurch erscheint das Amt des Vergelters in vielen Fällen nicht als ein einfaches Rächer-, sondern ein moralisches Richteramt. — Die Uebelthäter zu züchtigen ist ruhmvoll, Sciron fr. 679. Vgl. Fr. inc. 1021. So darf man sich auch dem Bekennen der Gerechtigkeit nicht entziehen Fr. inc. 1024. — Wer den Schmuck der Gerechtigkeit an sich trägt, mag sich leicht über Tadel und Verkanntwerden hinwegsetzen. Suppl. 564. — Im gegenwärtigen Geschlecht freilich gibt es keine Gerechtigkeit, Temenos fr. 696. Vgl. Med. 439.

βέβακε δ' όρκων χάρις, ούδ' έτ' αίδώς
Έλλάδι τά μεγάλα μένει, αίθερία δ' άνέπτα.

Dabei hat Euripides wohl zunächst an seine eigene Zeit gedacht.

Das Rächeramt auch den Feinden gegenüber erscheint selbst als Pflicht des rechten Mannes:

ἐχθροὺς κακῶς δρᾶν ἀνδρὸς ἡγοῦμαι μέρος. Fr. inc. 1077.
νόμου τὸν ἐχθρὸν δρᾶν, ὅπου λάβῃς, κακῶς. Fr. inc. 1076.
Vgl. Jon 1328, bes. ib. 1045. — Unverstand ist's daher auch, in der Verfolgung der Rache innezuhalten, da man sich oft dabei neue Feinde gross zieht. Andr. 519, Heracl. 468. Doch lasse sich Niemand von der Rache so fortreissen, dass er sich selbst in's Verderben stürzt. Fr. inc. 866.

Der Gedanke an Versöhnlichkeit findet sich wenig; angedeutet ist er in Phoen. 461 ff.

Derjenige, den die verdiente Rache oder Strafe erreicht, verhält sich nicht dazu, als wenn ihm beides ganz natürlich schiene; Teleph. fr. 712; vgl. Fr. inc. 1075.

Da der Tod leichter zu ertragen als der Gedanke, seinen Feinden zum Gespötte geworden zu sein, so ist's auch begreiflich, welch' grosse Genugthuung die vollzogene Rache bietet:

τί τὸ σοφὸν ἢ τί τὸ κάλλιον | παρὰ θεῶν γέρας ἐν βροτοῖς | ἢ χεῖρ' ὑπὲρ κορυφᾶς | τῶν ἐχθρῶν κρείσσω κατέχειν; | ὅ τι καλὸν φίλον ἀεί. Bacch. 877 ff. vgl. Herc. F. 732 f.

8. Selbst- und Nächstenliebe. Die Gerechtigkeit gegen den Nebenmenschen entwickelt sich nach der positiven Seite hin zur Nächstenliebe. Sie wächst aus der Gerechtigkeit heraus, hat diese als bestimmendes Princip und erhebt sich auch nur ganz wenig über dieselbe. Von einer Nächstenliebe im christlichen Sinne ist daher hier nicht zu reden; wie den Göttern die Liebe zum menschlichen Geschlecht fehlt, so fehlt sie in tieferer Auffassung auch dem Menschen zum Menschen; wer dem Nächsten sein Recht gibt, der hat nach der allgemeinen Anschauung genug gethan.

πᾶς τις αὐτὸν τοῦ πέλας μᾶλλον φιλεῖ,
οἱ μὲν δικαίως, οἱ δὲ καὶ κέρδους χάριν, Med. 86.
ἐκεῖνο γὰρ πέπονθ' ὅπερ πάντες βροτοί.
φιλῶν μάλιστ' ἐμαυτὸν οὐκ αἰσχύνομαι. Cresph. fr. 460.

In der ersten dieser beiden Stellen scheint keine besondere Ungeheuerlichkeit zu liegen; der zweite Vers zeichnet sogar die verwerfliche Selbstliebe als Selbstsucht und Eigennutz. Selbst die zweite sollte man hingehen lassen, namentlich dem Griechen. Wenn die christliche Religion die Forderung erhebt, den Nächsten zu lieben wie sich selbst, so macht sie damit ja auch die Eigenliebe zum Gesetz μέτρον ἁπάντων, und dadurch allein wird eine Verpflichtung, den Nächsten mehr zu lieben als sich selbst, von vornehin ausgeschlossen. Es muss daher auffallen, wenn Nägelsbach VIII, 18 mit Bezugnahme auf die vorstehenden Stellen schreibt: „Solcher Selbstliebe nun, welche nur sich, das Recht des andern aber und das entsprechende Gesetz nicht beachtet, dient die Sophistik der Leidenschaft, —

und dieser Sophistik hat kein Dichter des Alterthums beredtere Worte geliehen als Euripides." — Es ist möglich, dass Nägelsbach mit dem Ausdrucke „Worte leihen" etwas anderes versteht als „das Wort reden"; gegen diese Deutung musste entschieden eingetreten werden; dass Euripides, der τραγικώτατος, jede Gattung der Leidenschaft, also auch den nackten Egoismus, die Herzlosigkeit, darzustellen und zu beleuchten hatte, ist freilich etwas ganz anderes.

Uebrigens kennt Euripides wie irgend einer auch die Nächstenliebe; der Weise liebt Kinder, Eltern und Vaterland, welche gross und mächtig zu machen, nicht zu erniedrigen, seine Pflicht ist. Suppl. 506. Doch ist jeder, wie physisch, so auch social zunächst auf sich gestellt und angewiesen.

σαυτῷ γὰρ εἴτε δυστυχὴς εἴτ' εὐτυχὴς
ἔφυς. Alc. 685.

Was den einzelnen eben am meisten drängt, das gilt ihm für das wichtigste: [τοῦτ' ἔσθ' ἑκάστῳ μεῖζον ἢ Τροίαν ἑλεῖν] Andr. 368. Die unausbleiblichen Uebel des Krieges, meint man, werden den andern treffen u. s. w. Suppl. 481 ff. Man beachte dagegen die schöne Darstellung des uneigennützigen Mannes:

ὁ μὲν δίκαιος τοῖς πέλας πέφυκ' ἀνήρ,
ὁ δ' εἰς τὸ κέρδος λῆμ' ἔχων ἀνειμένον
πόλει τ' ἄχρηστος καὶ συναλλάσσειν βαρύς,
αὑτῷ δ' ἄριστος. Heracl. 2.

Theilnahme an fremdem Unglück, Ino fr. 410, Andromed. fr. 128.

Dass Euripides auch Aufopferung kennt, braucht nicht erst des weiteren bewiesen zu werden; man denke an die Helden und Heldinnen, die sich dem Tode weihen, alle schliesslich aus freiem Willen; Iphigenie, Makaria in den Herakleiden, Menoikeus in den Phoinissen, Alkestis. — Aber auch in diesen Fällen wirkt nicht die reine Liebe; nebst andern Beweggründen ist es vorzugsweise die Liebe zum Vaterland, zur Gemeinschaft; die Nächstenliebe wird durch die Vaterlandsliebe verdrängt und doch auch wieder ersetzt. „Im Vaterlande hat er (der Grieche) seine Götter, seine Brüder; ihm verdankt er die höchsten Güter des Lebens. Darum hat auch der Grieche, so weit menschliche Augen reichen, im Drange der Vaterlandsliebe das Schönste geleistet." Nägelsbach V, 67.

Euripides ist auch sonst weit entfernt, Selbstsucht zu predigen. Gerade bei ihm finden sich viele Zeugnisse eines tiefen und wahren Mitgefühls mit allem, was unterdrückt, geknechtet, in eine unwürdige Stellung gebannt ist. Ich denke zunächst an das Los des Weibes und das der Sklaven.

Was das erstere anbelangt, könnte Euripides wohl noch heutzutage um den Preis kämpfen mit jener ebenso wahren als pathetischen Schilderung in Med. 230 ff.

πάντων δ' ὅσ' ἔστ' ἔμψυχα καὶ γνώμην ἔχει
γυναῖκές ἐσμεν ἀθλιώτατον φυτόν κτλ.

Man bedenke dazu nur noch die sittlichen Verhältnisse und Anschauungen der griechischen Männerwelt, um das Los eines braven, vernünftigen, denkenden Weibes zu verstehen. — Doch darüber ist hier nicht der Ort zu sprechen. — Schlegel findet in der ganzen Art des Euripides die Frauen zu schildern „zwar viel Empfänglichkeit, selbst für die edleren Reize weiblicher Sittsamkeit, aber keine wahre Achtung." — Zugegeben, obwohl man vielleicht auch dagegen ein Wort sagen könnte; aber nun frage ich: Wo in aller Welt hat denn Schlegel sonst im Alterthum wahre Achtung vor dem Weibe gefunden? Selbst Aristoteles sagt noch, und glaubt damit fast etwas Befremdendes auszusprechen: „Es gibt ja auch ein gutes Weib und einen guten Sklaven" — und begründet diese Ketzerei mit den Worten: „obschon der Charakter des Weibes natürlich tiefer steht, der des Sklaven aber überhaupt niedrig ist." Poet. 15.

Trotz all' dem, was vom Weiberhass des Euripides geredet wird, wollte ich mit Göbel, der den betreffenden Nachweisungen zwei Abschnitte widmet (p. 16. und p. 27) behaupten: *Euripides non est μισόγυνος. — De feminis Euripides et dignius et verius quam quisquam Graecorum statuit. —*

Und wer hat vor und lange Zeit nach Euripides in dem Sklaven einen Menschen gesehen? Euripides suchte — — „wenigstens eine mildere Form zu erzielen, um so den Sklaven doch einigermassen der Menschenrechte theilhaftig zu machen". — — „Noch auffallender aber ist, dass die Sklaven auf gleiche Linie mit den andern Personen gestellt — — werden" u. s. w. Prof. Schenkl, p. 367, wo die Sache ausführlich dargestellt wird, auf die hier nur nebenbei eingegangen werden konnte.

9. Beeinflussung, Beständigkeit. Ohne jegliche Beeinflussung kann sich leider niemand erhalten:

οὐκ ἔστι θνητῶν ὅστις ἔστ' ἐλεύθερος·
ἢ χρημάτων γὰρ δοῦλός ἐστιν ἢ τύχης
ἢ πλῆθος αὐτὸν πόλεος ἢ νόμων γραφαὶ
εἴργουσι χρῆσθαι μὴ κατὰ γνώμην τρόποις. Hec. 864.
κρείσσων γὰρ οὔτις χρημάτων πέφυκ' ἀνήρ,
πλὴν εἴ τις· ὅστις δ' οὗτός ἐστιν οὐχ ὁρῶ. Dan. fr. 327.

Vgl. Oenom. fr. 571. „Unsere Meinungen werden wie von einem Magnet hin und her gezogen", und Fr. inc. 1026.

Auch die Meinung, die man von unserm Verstand hat, richtet sich nach dem, was wir erreichen. Hipp. 701.

Beständigkeit und Verlässlichkeit hat hohen Werth. Alcmene fr. 92. — Aber keiner ist derselbe in Mühsalen und wenn er wieder zu Kraft und Muth kommt. Iph. Taur. 729. — Vgl. Temenid. fr. 735, Fr. inc. 955.

Dagegen ist verdammenswerth ein Umschlag in der entgegengesetzten Richtung. Iph. Aul. 334. Der brave Mann muss sich gleich bleiben —

καὶ βέβαιον εἶναι τότε μάλιστα τοῖς φίλοις,
ἡνίκ' ὠφελεῖν μάλιστα δυνατός ἐστιν εὐτυχῶν. ib. 345.

Einer ganz eigenthümlichen Ansicht über die Incorruptibilität, die sich ausser bei Euripides schwerlich findet, begegnen wir Hec. 595 ff. Schlechtes Land kann bei guter Pflege gute Früchte bringen, gutes kann in Folge von Vernachlässigung verderben:

— — ἄνθρωποι δ' ἀεὶ
ὁ μὲν πονηρὸς οὐδὲν ἄλλο ἢ κακός,
ὁ δ' ἐσθλὸς ἐσθλός οὐδὲ συμφορᾶς ὕπο
φύσιν διέφθειρ', ἀλλὰ χρηστός ἐστ' ἀεί.

Wir haben zwar einen Ausweg, wenn wir συμφορᾶς betonen; das Unglück reicht nicht hin, den edlen Charakter zu vernichten; dass die Verführungskünste sonst nicht immer umsonst geübt werden, ist leider eine zu bekannte Thatsache. — Mit der Anschauung der Alten stimmt der erste Theil, „schlecht bleibt schlecht", was auch sonst in zahlreichen Variationen wiederkehrt. Alcmeon fr. 76, Dict. fr. 344, Fr. inc. 1053, Archel. fr. 234. Vgl. p. 66 zu Pirith. fr. 600.

Der Beständige verfolgt ein Ziel, Iph. Taur. 907, sonst verliert er auch das Erreichbare. Fr. inc. 1062.

Schimpflich ist's das Angefangene wieder fahren zu lassen. Hec. 1241, unmännlich sich, wenn man Grösseres besessen, mit Kleinerem genügen zu lassen. Phoen. 509.

10. Tapferkeit wird bei Euripides viel gerühmt und gepriesen, besonders der Jugend wird sie empfohlen. — Der Tapfere kennt keine Flucht, Iph. Taur 104 —

— — τοὺς πόνους γὰρ ἀγαθοὶ
τολμῶσι, δειλοὶ δ' εἰσὶν οὐδὲν οὐδαμοῦ. ib. 114.

Der Feige wird in der Schlacht nicht mitgezählt; er ist nicht dabei, wenn er auch anwesend ist. Meleagr. fr. 523. Vgl. den Werth des wahren Mannes. Archel. fr. 245, 246. — Es ist daher ein Widerspruch, wenn Feigheit in einem schönen, stattlichen Körper wohnt. Andr. 765. — Tapferkeit geht und dringt durch Mühsale, Heracl. 625, ein Gedanke, der in den verschiedensten Formen wiederkehrt; ohne Mühen und Ringen kein Ruhm, keine Grösse, kein Glück, kein Reichthum. Vgl. Andromed. fr. 147, Archel. fr. 240, 242, Ixion fr. 430, Teleph. fr. 719.

πόνος γάρ, ὡς λέγουσιν, εὐκλείας πατήρ. Licymn. fr. 477.

Besonders die Jugend darf sich keiner Anstrengung entziehen, keine Ausflüchte suchen:

μόχθος γὰρ οὐδεὶς τοῖς νέοις σκῆψιν φέρει. Iph. Taur. 122. Vgl. Archel. fr. 239, Cress. fr. 464, Fr. inc. 896.

οὐκ ἐν γυναιξὶ τοὺς νεανίας χρεών,
ἀλλ' ἐν σιδήρῳ κἄν ὅπλοις τιμὰς ἔχειν. — Hüte dich vor Thorheiten und Sünden in der Jugend; sie wachsen mit dir und folgen dir unvermeidlich in's Alter nach. Fr. inc. 926.

Zwar nicht auf die Erwerbung persönlicher Tapferkeit, aber auf das Streben nach edleren, höheren Zielen ist folgende Schilderung gerichtet, das Bild und Los einer „blasirten" Jugend:

ὅστις νέος ὢν Μουσῶν ἀμελεῖ,
τόν τε παρελθόντ' ἀπόλωλε χρόνον
καὶ τὸν μέλλοντα τέθνηκε. Fr. inc. 927.

Die schimpfliche Stellung einer unmännlichen Jugend noch nachdrucksvoller Fr. inc. 1039. —

νεανίας γὰρ ὅστις ὢν Ἄρη στυγῇ
κόμη μόνον καὶ σάρκες, ἔργα δ' οὐδαμοῦ.

Freilich ist das Leben bei reichbesetzter Tafel angenehm; aber für den, der nicht muthig wagt, gibt es keinen Siegeskranz, keinen Ruhm; Ringen erzeugt rühmliches, männliches Wesen; besorgtes Hüten des eigenen lieben Ich, um ja nur das Leben zu erhalten, σκιὰν ἔχει καθ' Ἑλλάδα. — Wem sein Leben so überaus lieb ist, der hat auch allen Grund, desselben wohl zu achten, denn —

— φιλεῖ τοι πόλεμος οὐ πάντων τυχεῖν,
ἐσθλῶν δὲ χαίρει πτώμασιν νεανιῶν,
κακοὺς δὲ μισεῖ. — — Temenid. fr. 728. Vgl. Soph. Philoct. 446 ff.

Die Jugend hat die Pflicht zu Thaten, das Alter darf mit Recht fordern, dass man seinen Rath höre und befolge. —

— νέων τὸ δρᾶν μὲν ἔντονοι χέρες,
γνῶμαι δ' ἀμείνους εἰσὶ τῶν γεραιτέρων·
ὁ γὰρ χρόνος δίδαγμα ποικιλώτατον.. Beller. fr. 293. Vgl. Melan. fr. 511. —

Kein muthiger Mann überfällt den Feind rücklings, sondern geht ihm offen entgegen. Rhes. 510. es lobt auch niemand die versteckte Waffenthat des schleichenden Feindes, ib. 709; gleichwohl gibt es dem Feinde gegenüber, d. h. im Kampfe, keine Offenheit und Wahrheit; da ist nothwendig δόλοισι κλέπτειν. ψεύδεσιν δ' Ἄρης φίλος. Beller. fr. 291. Der Schwache muss sich der überlegenen Macht gegenüber mancher List und dunkler Anschläge bedienen. ib. fr. 290.

Der einzelne ist schwach im Kampf, Heracl. 274, aber mit dem Muthigen sind die Götter:

— — ἢν δέ τις πρόθυμος; ἤ,
σθένειν τὸ θεῖον μᾶλλον εἰκότως ἔχει. Iph. Taur. 910.
Da lesen wir die ganz moralische Forderung „Hilf dir
selbst und Gott wird dir helfen"; — ebenso Hipp. V. fr. 345.
Greif zuerst zu, dann rufe die Götter an. — Vgl. El. 80.
Wer die Götter kennt und das Menschenthum, der weiss,
dass die Tapferkeit allein ohne jenen Beistand nichts vermag.
Suppl. 596. (Vgl. oben im Cap. Götter.)
Ein Schwert in eines braven Mannes Hand kann zwar
Wunder der Tapferkeit wirken, aber thöricht wär's, alle
Mühsale und Wirren in der Welt mit dem gezückten Schwerte
schlichten zu wollen. Hel. 1151 ff.

11. Thätigkeit. Tapferkeit und Thätigkeit sind nahe
verwandt. Das müssige Zuwarten ist daher schwer erträglich,
Or. 426; was man einmal angefangen, führe man durch;
vielerlei anzufangen, Vielgeschäftigkeit, bringt mancherlei Ungemach:

τὸ πολλὰ πράσσειν οὐκ ἐν ἀσφαλεῖ βίου. Hipp. 785.
ὁ πλεῖστα πράσσων πλεῖσθ' ἁμαρτάνει βροτῶν. Oenom. fr. 580.

Vgl. Antiop. fr. 193. Anders freilich steht es mit vernünftiger
Thätigkeit und Unternehmungslust. Antiop. fr. 187, Archel. fr.
241, Erechth. fr. 366, Oed. fr. 556. — Man setze seine Thätigkeit nur für Würdiges ein. Rhes. 182. Die Aussicht auf Erfolg
und Gewinn macht die Anstrengung angenehmer:

ἄνευ τύχης γάρ, ὥσπερ ἡ παροιμία,
πόνος μονωθεὶς οὐδὲν ἀλφάνει βροτοῖς, Stheneb. fr. 664,

(mit der Conj. von Prof. Schenkl; Nauck dagegen: οὐκέτ'
ἀλγύνει βροτούς). Vgl. Rhes. 161, Temenos fr. 745.
Die anzuwendenden Mittel müssen im Verhältnisse stehen
zum angestrebten Ziele. Or. 694. —
Alles ist seinem Wesen nach zu beurtheilen; ein Blick
wird nicht verwunden, wenn kein Schwert sich rührt. Heracl.
684. Welches Ereigniss hat dasselbe Gesicht, wenn es noch
in weiter Ferne steht und dann, wenn es zur Wirklichkeit
geworden? Jon 585. Daher ist Zeit zur Trauer, wenn ein
Unglück einmal eingetreten; wozu es schon anticipiren? Hel.
322. — Unsere eigene Empfindung, Gefallen oder Missfallen,
gibt den Dingen erst den eigentlichen Werth oder Unwerth.
Jon 646. Daher zieht so mancher das Leben des Privatmannes
besonders in gesicherter Stellung nicht unweise dem des Herr-
schers vor: Hipp. 1016 ff. Jon 621. Unter etwas veränderten
Verhältnissen haben Euripides und Sokrates diesen Gedanken
praktisch durchgeführt. — Jeder lebt seiner Neigung; die
Neigungen sind ja so verschieden als die Naturen:

διάφοροι δὲ φύσεις βροτῶν
διάφοροι δὲ τρόποι. Iph. Aul. 558. Vgl. Oenom. fr. 564

und Rhadam. fr. 660, bes. Vs. 9, f., welche auch des Euripides

Anschauung in dieser Richtung klar darlegen. (Vgl. Hor. Od. I, 1, 29 ff.) Demnach hat natürlich jeder sein Ideal oder wenigstens seinen Liebling unter Göttern und Menschen:
ἄλλοισιν δ' ἄλλος θεῶν τε κἀνθρώπων μέλει. Hipp. 104.

12. Menschliche Sündhaftigkeit und Schwäche. Zu den äusseren Uebeln kommen leider noch so viele, die sich der Mensch selbst zuzieht durch Unverstand und Verblendung. Die meisten Leiden sind von den Menschen selbst verschuldet:
τὰ πλεῖστα θνητοῖς τῶν κακῶν αὐθαίρετα. Fr. inc. 1015.

Die Sündhaftigkeit hat ihre Wurzeln in der menschlichen Natur und Beschränktheit. Nägelsbach führt an, dass naiver Weise die Sünde selbst als ein Recht, θέμις, der menschlichen Natur angesehen wird. (VI, 3.)
— — ἁμαρτεῖν εἰκὸς ἀνθρώποις. Hipp. 625.

Schlechtigkeit ist uns angeboren. Beller. fr. 299. Als zweites kommt hiezu Verblendung von den Göttern, welche selbst auch zur Verführung wird:
— — ἀνθρώποισι δὲ
θεῶν διδόντων εἰκὸς ἐξαμαρτάνειν. Hipp. 1433.*)

Es wird nicht immer in Uebereinstimmung mit der allgemein griechischen Ansicht die Ursache der Sünde aus der Unkenntniss allein hergeleitet; die φύσις empört sich, ἧ νόμων οὐδὲν μέλει, Fr. inc. 912. Wir kennen das Gute und üben es doch nicht. *Video meliora proboque, Deteriora sequor.* Ovid. Metam. VII, 21.
τὰ χρήστ' ἐπιστάμεσθα καὶ γιγνώσκομεν,
οὐκ ἐκπονοῦμεν δ', οἱ μὲν ἀργίας ὕπο,
οἱ δ' ἡδονὴν προθέντες ἀντὶ τοῦ καλοῦ
ἄλλην τιν'. Hipp. 379. Vgl. Suppl. 481 ff. Hipp. 358. Antiop. fr. 221. Die Götter kommen in's Spiel in f. Stelle:
αἰαῖ, τόδ' ἤδη θεῖον ἀνθρώποις κακόν,
ὅταν τις εἰδῇ τἀγαθόν, χρῆται δὲ μή. Chrysipp. fr. 338.

Es genügt in den meisten Fällen zur Verführung, die Einsicht getrübt, die Begriffe von gut und böse verwirrt zu haben.
φθείρουσιν ἤθη χρήσθ' ὁμιλίαι κακαί. Fr. inc. 1013.

Wo die Begriffe verwirrt sind, kann man auch kein ordentliches Handeln erwarten. Da wird dann leicht eine Frage gestellt wie folgende:
τί δ' αἰσχρόν, ἢν μὴ τοῖσι χρωμένοις δοκῇ; Aeol. fr. 19.

Darüber lesen wir bei Welcker p. 865: „Makareos antwortet dem Aiolos, der die Ehe unter Kindern derselben Mutter für etwas schimpfliches erklärt hatte, das berüchtigte Wort

---
*) Vgl. Soph. O. C. 252 ff.

vielleicht mit Bezug auf die Erlaubtheit derselben unter Geschwistern von verschiedenen Müttern." — Dass da oben die Leidenschaft der Liebe oder die Verworfenheit spricht, bedarf keines Beweises. Aber man sehe nur zu, wie man den Euripides für diesen Vers behandelt hat! — Wenn zu Stob. Flor. V. 82 angemerkt ist: ὁ Πλάτων ἐντυχὼν αὐτῷ „ὦ Εὐριπίδη" ἔφη, „αἰσχρὸν τό γ' αἰσχρόν, κἂν δοκῇ κἂν μὴ δοκῇ," so ist das recht löblich, und Euripides hat gewiss dem Platon nicht mit Einem Wort widersprochen. — Wenn der grosse Gegner des Euripides in den Fröschen diesen, der sich über seine schimpfliche Behandlung und Verurtheilung beschwert, mit den eigenen Waffen abwehrt und ihm entgegenhält, Ran. 1475,

τί δ' αἰσχρόν, ἢν μὴ τοῖς θεωμένοις δοκῇ;

so können wir zu der meisterhaft gelungenen und treffenden Parodie nur herzlich lachen, und ich glaube, dem Euripides, dem σκυθρωπός, mag es selbst im Schattenreich und in seiner Situation schwer geworden sein dabei ernst zu bleiben. Aristophanes, der doch ein lebendiges Interesse haben musste den Euripides zu bekämpfen, hat ihn wegen jenes Verses mit einem gelungenen Witzwort abgethan. Nicht so glimpflich sind die Neueren mit ihm verfahren. Auf unsere Stelle ist wohl auch zu beziehen Schlegel's Wort: Des Euripides Personen „sind oft nicht blos gemein, sondern sie rühmen sich dessen, als müsste es eben so sein." p. 144. Nägelsbach sagt darüber (VIII, 18): „Hiemit wird allerdings das Dasein eines von jeweiliger Willkür der Menschen unabhängigen Guten oder Bösen geläugnet." — — Weiterhin wird vom Euripides deswegen tadelnd gesagt, dass „er sich herbeigelassen, der Handlanger der wühlenden Sophistik zu sein." —
Ich habe nun bei Sophokles ein Wort gelesen, welches dem vorliegenden Euripideischen sehr ähnlich sieht. Im Philoktet heisst es:

οὐκ αἰσχρὸν ἡγεῖ δῆτα τὰ ψευδῆ λέγειν;
οὔκ, εἰ τὸ σωθῆναί γε τὸ ψεῦδος φέρει. 108 f. Vgl. ib. 100 f. und in der Elektra desselben Sophokles lesen wir:

δοκῶ μέν, οὐδὲν ῥῆμα σὺν κέρδει κακόν. 61.

Ich fühle mich durchaus nicht veranlasst, gegen diese beiden Stellen etwas einzuwenden, stimme vollends Schneidewin-Nauck bei, welche von einer „leicht zu missverstehenden Gnome" sprechen; dann wird hinzugefügt: „Hier passt, sollt' ich meinen, der Spruch." — Zur richtigen Auffassung der obigen Stelle könnten wir noch vergleichen das Wort (des Theognis) bei Soph. Ant. 622. τὸ κακὸν δοκεῖν ποτ' ἐσθλὸν | τῷδ' ἔμμεν ὅτῳ φρένας | θεὸς ἄγει πρὸς ἄταν. — Noch möchte ich hinweisen auf Nägelsbach V, 30 von den Modificationen der Pflicht der Wahrhaftigkeit. Vgl. damit das oben im 1. Cap. über den Eid Gesagte. —

Man stemple wegen jenes Ausspruches den Euripides nicht zum bewussten Läugner des Unterschiedes zwischen gut und böse, so wenig es jemand einfallen wird, den Sophokles zum Lobredner der Lüge und Verlogenheit zu machen. — Wer Schuld auf sich geladen, ist ein anderer Mann; schwer drückt das böse Bewusstsein:

βαρὺ τὸ φόρημ᾽ οἴησις ἀνθρώπου κακοῦ. Polyid. fr. 644. Or. 388, Med. 493.

Die böse That ist zwar physisch nicht vollbracht, aber innerlich ist die Sünde begangen; auch eine ganz seltene Auffassung, die vom Euripideischen Geiste zeigt:

Men: ἁγνὸς γάρ εἰμι χεῖρας· Or. ἀλλ᾽ οὐ τὰς φρένας. Or. 1604.

χεῖρες μὲν ἁγναί, φρὴν δ᾽ ἔχει μίασμά τι. Hipp. 317.

Nahe verwandt mit dieser Auffassung in der Scheidung zwischen That und Wille ist das Wort Hippolyts

ἡ γλῶσσ᾽ ὀμώμοχ᾽, ἡ δὲ φρὴν ἀνώμοτος. Hipp. 612, worüber wir schon gesprochen. — Vgl. Fr. inc. 1030.. —

In Klage und Thränen findet das gepresste und geängstigte Herz Erleichterung; ebenso im Aussprechen seines Schmerzes. Iph. Taur. 43. —

μοῦσα δὲ καὐτὴ τοῖς δυστήνοις | ἄτας κελαδεῖν ἀχορεύτους. Troad 120. ib. 608. Den „Trost in Thränen" lesen wir an mehreren Stellen: Archel. fr. 265, Oenom. fr. 577, Phrix. fr. 831; doch muss es der Thränen und Klage mit der Zeit auch ein Ende haben:

παλαιὰ καινοῖς δακρύοις οὐ χρὴ στένειν. Alex. fr. 44.

Der beste Trost bleibt freundlicher Zuspruch der Freunde:

οὐκ ἔστι λύπης ἄλλο φάρμακον βροτοῖς
ὡς ἀνδρὸς ἐσθλοῦ καὶ φίλου παραίνεσις κτλ. Fr. inc. 1064. vgl. Fr. inc. 1049. — Der tapfere Mann bleibt Mensch und braucht sich daher menschlicher Rührung nicht zu schämen. Hel. 950.

Fluss und Meer hat reinigende Kraft; doch im allgemeinen wirkt beides nur als Zeichen der Reinigung, nicht als Reinigung und Heiligung selbst: man sollte auch die Sündhaftigkeit und Schwäche ins Meer versenken können, wie dasselbe die äussere Befleckung abwäscht.

θάλασσα κλύζει πάντα τἀνθρώπων κακά. Iph. Taur. 1193.

13. „Bürgerliches." Euripides steigt von der Höhe, auf welcher seine beiden grossen Vorgänger stehen, oft herab; er mischt sich, wenn auch nicht im Leben, in's Getriebe des Marktes. Wir finden bei ihm auch Leute, die wir bei jenen nicht antreffen, praktische, hausbackene Leute. — Da haben wir den Mann, der im täglichen Leben und Verkehr mit andern gut auskommt, gerne gesehen wird; in Gesellschaft schweigt er lieber, als dass er sich darin gefiele, sich weise zu dünken

und zu zeigen, die andern mit seiner überlegenen Einsicht herabzudrücken und klein zu machen. Aeol. fr. 29. — Der Dünkelhafte dagegen

φίλοις τ' ἄμικτός ἐστι καὶ πάσῃ πόλει, Ixion fr. 429.

Doch darf die oben angedeutete Zurückhaltung nicht so weit gehen, dass man zu Bösem schwiege, oder doch einem schlechten Mann das grosse Wort oder die Führerrolle überliesse, Dict. fr. 347. — Der verständige Mann besorgt seine Angelegenheiten für sich (?) Antiop. fr. 213. — Wenn ihn ein Unfall trifft, wenn er einen Fehler gemacht, sucht er ihn der schadenfrohen Welt zu verbergen, um nicht den Spott zum Schaden zu haben. Cress. fr. 463, Oed. fr. 557, Scyriae fr. 684.

Der verständige Mann sucht in seinem Hause Herr zu bleiben. Er wird niemand im Haus haben, weder einen Freien noch einen Sklaven, der ihm in einer Hinsicht überlegen wäre. Archel. fr. 253, (vgl. dazu Welcker, 706) Alex. fr. 49, Syleus fr. 690.

Im heftigen Streit der Leidenschaften ist es weise, ein wenig nachzugeben. Protes. fr. 656.*)

Schlussbetrachtung.

Welcker schreibt p. 552 „An welchem alten Schriftsteller hätte man sich in unsern Zeiten aus Vorurtheil mehr versündigt als an Euripides?" — Ich habe nun im Vorausgehenden versucht, Schritt für Schritt, wo mir etwas derartiges vorzuliegen schien, dasselbe auf das rechte Mass zurückzuführen oder zurückzuweisen. In einzelnen Fällen dürfte es mir doch gelungen sein, selbst bei den strengsten Richtern den Euripides ein wenig unschuldiger erscheinen zu lassen.

Nägelsbach hat den Euripides in allen Theilen seines Werkes wie andere Schriftsteller als Gewährsmann benützt. Indem er demselben aber in der „Auflösung des alten Glau-

---

*) Ich hatte ursprünglich den Plan, das ganze Gebiet der menschlichen Verhältnisse, d. h. noch die Lebensalter, Glücksgüter, Geschlecht und Erziehung, Ehe und Liebe, Eltern und Kinder, Freundschaft und Verwandtschaft, den Staatsmann und Feldherrn, den Bürger und Soldaten u. s. w. in diese Arbeit mit einzubeziehen, überzeugte mich aber, nachdem ich das betreffende Materiale zusammengestellt hatte, von dem grossen Umfang dieser Aufgabe und stand von der weiteren Ausführung um so leichter ab, als gerade in diesen Punkten vortreffliche und erschöpfende Arbeiten vorliegen. Für die politischen Anschauungen vor allen die Arbeit Prof. Schenkl's, für das häusliche und Privatleben Göbel's Abhandlung u. A. Auch schien in diesen Punkten gerade eine Rechtfertigung des Euripides weniger nothwendig zu sein. Vielleicht lässt sich übrigens das gesammelte Material mit den vollständigen Parallelen aus Sophokles anderswie verwerthen.

bens" fast allein die Arbeit überliess, hat er gezeigt, dass er nicht unparteiisch genug geblieben. — Den Beweis für die Läugnung der Gottheit bei Euripides hat er ebensowenig geführt als Lübker; das Ankämpfen gegen die Ausgeburten des Anthromorphismus hat er als eine erwartete, nicht zu tadelnde That im Allgemeinen hingestellt; inconsequent ist nur er selbst, wenn er dann an Euripides die wirkliche Ausführung seines Wunsches tadelt. Unser Dichter ist aber nicht blos ein negativer Geist oder ein blos sophistischer, der das Alte unbekümmert zur Seite schiebt und nichts oder sein eigenes Ich an dessen Stelle setzt. Wenn er die Götzenbilder des anthropomorphistischen Systems zerlegt oder zerschlägt, so setzt er an deren Stelle, so weit das von einem Menschen geschehen kann, alsbald einen Gott, der heilig und gerecht ist; wenn er dem Gaukelspiel der Mantik die Larve vom Gesicht reisst, empfiehlt er an deren Statt frommen Wandel und verständiges Denken als besten Ersatz; wenn er schliesslich, was man ihm auch zum Vorwurf gemacht*), klagt, dass der Zufall in der Welt viel vermöge, so hat er da nur eine Klage ausgesprochen, in die wir vielleicht alle mit einstimmen werden. — Die Hauptschwäche der Nägelsbach'schen Darstellung im ganzen VIII. Abschnitte liegt darin, dass er den Euripides als blos negativen Geist ansah, worin demselben gewaltig unrecht geschieht. Euripides stand im Kampf und Gegensatz mit den damaligen Formen des Staatslebens und überhaupt mit den alten Anschauungen. „Aber dieser Kampf ist nur der sich stets erneuernde von Idee und Wirklichkeit, auf dem der ganze Fortschritt des Menschengeschlechtes beruht", — wie Prof. Schenkl p. 508 ebenso wahr als schön bemerkt. — Ueberdies zeigt sich Nägelsbach conservativ bis zum Aeussersten und übersieht, was nicht übersehen werden sollte, dass der Kampf gegen die damalige Theologie kein Kampf gegen die Gottesfurcht und Sittlichkeit ist; und schliesslich verdient, was da in Verfall gerathen war, keineswegs die Thränen, die darum geweint werden.

Euripides steht auf einem ganz andern Boden als Aischylos und sein nur wenig jüngerer Vorgänger Sophokles. Wer die drei mit demselben Massstab messen wollte, würde nicht blos dem Euripides, sondern auch dem Aischylos ebenso viel unverdientes Unrecht anthun, als er den Sophokles über Gebühr erheben würde. — Der ästhetische Theil der Frage liegt hier ganz abseits. — Die Zeit der Aischyleischen Marathonkämpfer war vorbei, ebenso die der Sophokleischen Sieger und Triumphirer aus dem weltbewegenden Kampf. Euripides gehört nicht mehr dem Perikleischen Zeitalter an, d. h. er steht nicht mehr voll auf dem Boden desselben. — Ueberall gährt

---

*) Nägelsbach VIII, 8. „Es ist ihm nicht recht, dass im Menschenleben das Glück und der Zufall regiert."

es; die Gährung finden wir bei dem Dichter wieder. Die unruhige Zeit liess keine Frucht reifen, Euripides ist auch keine völlig gereifte Frucht einer glücklichen Zeit. Doch — und das muss wieder betont werden —, er ist auch keine angefressene, taube, vorzeitig vom Baume geschüttelte. Ihm blieb die Herbigkeit, da ihm die Sonne des Glückes und des ruhigen Friedens gefehlt hatte zum völligen Reifen.

Sehen wir uns nun seine Gegner in alter Zeit an. Da haben wir den Aristophanes. Aristophanes aber bekämpft nicht immer das absolut Schlechte, er bekämpft unter andern in den Wolken den grossen Weisen Griechenlands in einer Art, gegen die die Behandlung des Euripides in den Fröschen harmlos erscheinen möchte. — Wie erklärt sich das? — Hielt Aristophanes des Sokrates Treiben und Lehren für weniger gefährlich als das des Euripides, und behandelte er denselben deswegen mit um so grösserer Strenge, und umgekehrt? — Doch wenn wir nur den einzigen Umstand wüssten, dass beide in des Aristophanes Augen nicht Gnade gefunden, könnte man getrost den Euripides für einen braven Mann halten, wenn er mit Sokrates in eine Reihe gestellt wird. Freilich bekämpft Aristophanes auch den Kleon; aber da gesteht selbst Kock einen wesentlichen Unterschied zu.

Wenn man so die Frösche liest, macht es anfangs wenigstens gar nicht den Eindruck, als wenn es dem Komödiendichter mit seiner Feindschaft so gar ernst gewesen. Euripides ist von vornehin bestimmt zu unterliegen, und trotzdem spielt er weder eine gar klägliche Rolle, noch die Rolle eines Bösewichts. Was der gestrenge Altmeister Aischylos gegen den Nebenbuhler vorbringt, ist Wahrheit, freilich eben nur immer die Wahrheit, die ihm, dem Gegner passt. Und bis zum Schluss gehen beide Kämpfer so ziemlich in gleicher Linie vor, dass man — mir wenigstens ist's so ergangen — den Sieg des Euripides bei einem kleinen Zwischenfall auch für möglich halten sollte. Doch Euripides unterliegt und — nun frage ich, — was hätte Athen gesagt, wenn ihm Aristophanes wirklich den Aischylos zurückgebracht hätte? Darin liegt eigentlich doch der Sieg des unterlegenen Euripides.

Und welche Anklagepunkte bringt Aristophanes gegen Euripides vor? In den Thesmophoriazusen klagt ein Weib, ihr Geschäft, ein Blumen- und Kränzehandel, gehe jetzt noch schlechter als ehedem, da dieser Euripides in den Tragödien τοὺς ἄνδρας ἀναπέπεικεν οὐκ εἶναι θεούς, Thesm. 451. Das ist eben der Ausspruch eines Hökerweibes, freilich haben denselben spätere Gelehrte ernsthaft nachgebetet. In den Fröschen selbst finden wir das gotteslästerliche τί δ' αἰσχρὸν κτλ. mit einem guten Einfall abgethan. Was Aischylos dem Gegner sonst vorhält von der Darstellung liebender Weiber, von der

Darstellung verbrecherischer Liebe, das vertheidigt Euripides selbst zur Genüge. Was gegen die Lockerung der guten Sitte und Zucht gesagt wird, das wird freilich dem Euripides allein in die Schuhe geschoben; und so streng hier Aischylos ist, er macht den Euripides nicht zum absichtlichen, bewussten Volksverderber.

Dass viele schlechte, liederliche, junge und alte Leute jeden Schlags auf Euripides als einen Vertheidiger ihres losen Treibens indirect und direct sich berufen mochten, kann nicht geläugnet werden; aber in welchem Dichter lassen sich denn für einen Bösewicht nicht schöne Worte zur Entschuldigung seines Thuns finden?*)

Uebrigens haben wir auch gerade in dem Abschnitte Tapferkeit (IV. 10. p. 72) gesehen, dass Euripides das Volk nicht unkriegerisch, weibisch machen wollte! Wie predigt er der Jugend mannhaften Sinn und ernste Arbeit, Fliehen der Weichlichkeit und der Verführung!

Die Schüler des Sokrates prügeln bei Aristophanes gar ihre Väter; und mit der Nägelsbach'schen Auffassung könnte man den Sophokleischen Haimon in der Antigone einen verliebten Jungen nennen, der sich aus Eigensinn (dem strengen Vater zum Trotz) an der Leiche seiner Braut ersticht. Denn sobald diese Liebe gegen das Gesetz und den Willen des Vaters verstiess, musste sie ein braver Sohn aus seinem Herzen reissen! — Dass Euripides das Los der Kindesliebe ganz einzig und herrlicher fast noch als Sophokles auffasst und schildert, haben wir auch gesehen. (Dazu wären noch zu vergleichen, da das oben nicht in den Rahmen unserer Arbeit passte, Oenom fr. 570, Dict. fr. 333, u. v. a.) —

Mit Aristophanes hätten wir uns denn auseinandergesetzt. Man braucht sich nur gegenwärtig zu halten, dass er Komödiendichter ist, der einer uns heutzutage unbekannten Freiheit in jeglicher Hinsicht genoss; dass er ein Feind des Euripides ist und diesen bekämpft und verspottet. Betrachten wir nun den Euripides bei ihm so, dann werden wir der wirklichen Flecken gar wenige mehr sehen; und ganz fleckenlos ist auch der Reinste kaum.

Unter den neueren Bearbeitern des Aristophanes hat namentlich Kock in der Einleitung zu den Fröschen den Aristophanes noch übertroffen in der Verurtheilung des Euripides. Was dort demselben, vielfach karikirt, angedichtet wird, wird hier von dem gelehrten Beurtheiler einfach als That-

---

*) Ein Augenblick, gelebt im Paradiese,
    Wird nicht zu theuer mit dem Tod gebüsst. Schiller, Don Carlos, I, 5.
Mich wundert's, dass da Niemand schreit: „Nehmt doch den sittenlosen Jugendverführer, der einer einzigen Stunde (sinnlichen) Genusses Ehre und Leben hinzuopfern predigt, unsrer Jugend wenigstens aus der Hand"!! —

sache hingestellt. — Das ist wohl der einfachste Ausdruck für Kock's Verfahren. *)

Er spricht von „des Euripides spitzfindigen, dialektischen, den alten, unbefangenen Glauben und die Lebensnormen der Väter mit ätzender und doch oft oberflächlicher Kritik lockernden Dramen, die wie der Zaubertrank der Kirke süss und gefährlich den gesunden Sinn des Volkes berauschen" p. 22. — Dass Euripides den Glauben lockerte, sollte ihm Kock nicht so verargen, denn „die griechische Mythologie konnte damals keinem klaren Kopf mehr genügen; Aristophanes selbst behandelt sie nicht selten mit harmloser Heiterkeit"; bei dem selben Kock, daselbst p. 23. Beispiel sein Tölpel von Dionysos, der schliesslich freilich wieder zum Richter über Aischylos und Euripides wird und — ist er plötzlich vernünftig geworden? — dem ersteren den Sieg zuspricht. — Sehr schön freilich, aber noch mehr undurchführbar, da alle Bedingungen zur Durchführung mangelten und mehr und mehr hinschwanden, würde sich der Bau ausnehmen, von dem Kock p. 24 schwärmt. — Der einzige Trost für uns ist der, dass „Euripides freilich nicht der Einzige ist, dem diese Fehler zur Last fallen, und Aristophanes hat sie bei ihm s o g a r (wie sonderbar von einem Dichter der alten Komödie! —) übertrieben. p. 25.

Euripides spricht bei Aristophanes selbst auf die Frage des Aischylos, was des Dichters Aufgabe sei, folgendermassen: man müsse den Dichter bewundern wegen

δηξιότητος καὶ νουθεσία·, ὅτι βελτίους τε ποιοῦμεν
τοὺς ἀνθρώπους ἐν ταῖς πόλεσιν. — Ran. 1009.

Dem Theaterpublikum, das von ihm die Aenderung eines beanständeten Verses stürmisch verlangte, entgegnete er, vortretend: *se ut eum* (d. Publikum) *doceret, non ut ab eo disceret, fabulas componere solere."* Valer. Maxim. III, 7, 1. — Dieser seiner belehrenden und veredelnden Thätigkeit ist er nicht einen Augenblick untreu geworden.

Welcher neue Prophet, namentlich wenn er wie Euripides keine Methode (Bernhardy p. 405) hatte, ist nicht arg missverstanden worden? — In der Wirklichkeit schossen die Keime zu ganz andern Gewächsen empor, als wozu er sie gelegt hatte. Kreuzten doch auch mannigfache andere Bestrebungen, namentlich die e n t a r t e t e Sophistik und die im Laufe des Krieges und unter den Gräueln desselben sich stetig steigernde Rechtsunsicherheit, seine Wege. Wir selbst haben ihn mehrmal sich entsetzen hören, wie die Welt entartet sei! Vielleicht fühlte er sich am Ende seiner Tage, verkannt und

---

*) Ja man muss sogar den Aristophanes selbst gegen seinen Bearbeiter in Schutz nehmen; er sei sonst zu edel um auf todten Löwen herumzuspringen; „nur Euripides hat er selbst im Grabe nicht ruhen lassen", p. 21; ob das nicht zu weit geht, mögen andere Beurtheiler entscheiden. —

missbraucht in seinen reinen Bestrebungen, veranlasst zu erklären, dass, wenn ihm zwischen der alten Gläubigkeit und dem Nihilismus der letzten Zeit die Wahl gestellt würde, — den Mittelweg, den er gegangen, den er eröffnet, verstand ja die Menge nicht, — er da nicht anstehen würde, die alte fromme Meinung des gemeinen schlichten Mannes anzunehmen und vorzuziehen. Bacch. 430 f. — Wir haben in den Bakchen dann keine Palinodie, sondern die ehrliche Erklärung eines ehrlichen Mannes, der seinen Namen und sein Wort nicht will zum Deckmantel des Unglaubens und der Unsittlichkeit werden lassen, durch den nicht andere aus Unverstand der Verführung verfallen sollen, eine Erklärung, welche leider seine neuesten Beurtheiler gewöhnlich ignoriren.*)

Und nun möchte ich mit den wahren Worten Welcker's (p. 460) schliessen: „den eröffneten welthistorischen Kampf zwischen dem geheiligten und politisch berechtigten Aberglauben und der höheren, wenn auch zur Zeit unzulänglichen Wahrheit muss man wohl vor Augen halten, um den Euripides gründlich zu würdigen und den steigenden Beifall, den er im Fortschritt der neuen Zeit und Bildung gewann, vollkommen zu begreifen."

Karl Strobl.

---

*) Vgl. dazu Prof. Schenkl p. 508, welcher die obige Ansicht aufgestellt und vollständig begründet hat. — Schöne in der Einleitung zu den Bakchen, 2. Aufl. p. 27, gibt im ganzen eine andere, weniger ansprechende Darstellung. Vgl. Bernhardy p. 422.